Fokus *Mathematik*

Lösungen

Gymnasium Klasse 6
Bayern

Cornelsen

Unter redaktioneller Mitarbeit von: Laura Mähler, Anne Heinschel, Solveig Strößner, Karoline Pech

Redaktion: Ulrike Klein

Grafik: Christian Böhning

Umschlaggestaltung: finedesign - Büro für Gestaltung, Berlin

www.cornelsen.de

1. Auflage, 8. Druck 2025

Alle Drucke dieser Auflage sind inhaltlich unverändert
und können im Unterricht nebeneinander verwendet werden.

© 2018 Cornelsen Verlag GmbH, Mecklenburgische Str. 53, 14197 Berlin,
E-Mail: service@cornelsen.de

Das Werk und seine Teile sind urheberrechtlich geschützt.
Jede Nutzung in anderen als den gesetzlich zugelassenen Fällen
bedarf der vorherigen schriftlichen Einwilligung des Verlages.
Hinweis zu §§ 60a, 60b UrhG: Weder das Werk noch seine Teile dürfen ohne eine
solche Einwilligung an Schulen oder in Unterrichts- und Lehrmedien (§ 60b Abs. 3 UrhG)
vervielfältigt, insbesondere kopiert oder eingescannt, verbreitet oder in ein Netzwerk
eingestellt oder sonst öffentlich zugänglich gemacht oder wiedergegeben werden.
Dies gilt auch für Intranets von Schulen und anderen Bildungseinrichtungen.

Der Anbieter behält sich eine Nutzung der Inhalte für Text- und Data-Mining im Sinne
§ 44 b UrhG ausdrücklich vor.

Druck: Cornelsen Verlagskontor, Bielefeld

ISBN 978-3-06-041055-2

Inhaltsverzeichnis

1. Brüche ... 5
1.1 Brüche und Anteile ... 5
1.2 Vergleichen, Kürzen und Erweitern von Brüchen ... 10
1.3 Brüche und Prozente ... 12
1.4 Darstellung von Brüchen auf der Zahlengeraden, Bruchzahlen ... 15

2. Dezimalbrüche ... 18
2.1 Dezimale Schreibweise ... 18
2.2 Brüche in Dezimalzahlen umwandeln ... 21
    Thema: Unendliche Dezimalbrüche ... 23

3. Addition und Subtraktion rationaler Zahlen ... 24
3.1 Rechenregeln bei Dezimalbrüchen ... 24
3.2 Rechenregeln bei Brüchen ... 26
3.3 Vorteilhaftes Rechnen ... 29

4. Multiplikation und Division rationaler Zahlen ... 32
4.1 Multiplikation und Division von Brüchen ... 32
    Projekt: School project – „Save the rain forest" ... 36
4.2 Multiplikation und Division von Dezimalbrüchen ... 36
4.3 Potenzen ... 39

5. Flächeninhalte ... 42
5.1 Flächeninhalte von Parallelogramm, Dreieck und Trapez ... 42
5.2 Das Prisma und sein Oberflächeninhalt ... 46

6. Verbindung der Grundrechenarten ... 51
6.1 Verbindung der Grundrechenarten ... 51
    Methode: Rechenprobleme von Adam Ries lösen ... 54

7. Rauminhalte ... 56
7.1 Volumenvergleich und Volumeneinheiten ... 56
    Methode: Reale Probleme lösen – Modellieren ... 58
7.2 Volumen eines Quaders ... 58

8. Prozentrechnung, Diagramme und Daten ... 62
8.1 Grundlagen der Prozentrechnung ... 62
8.2 Anwendung der Prozentrechnung in Diagrammen und Texten ... 65
    Methode: Mit dem Computer Daten auswerten und darstellen ... 69
8.3 Daten beschreiben und auswerten ... 69

1. Brüche

1.1 Brüche und Anteile

Seite 10 | Einstieg

Die Schokoladentafeln links und rechts bieten sich besser zum Teilen in vier Teile an als die mittlere. Beide sind mindestens an einer Seite in vier Stücke aufgeteilt. So können die Freunde die Schokolade einfach in vier Teile zerbrechen, ohne die Tafel zu wiegen oder zu messen. Die mittlere Tafel besteht insgesamt aus 18 Stücken, lässt sich also nicht so einfach in vier gleiche Teile aufteilen.
Jedes Kind bekommt so ein Viertel der 100-g-Tafel, also 100 g : 4 = 25 g.

Seite 13 | Aufgabe 1

a) Gelb: $\frac{3}{8}$ Blau: $\frac{3}{8}$ Weiß: $\frac{2}{8}$

b) Grün: $\frac{9}{25}$ Blau: $\frac{5}{25}$ Gelb: $\frac{7}{25}$ Weiß: $\frac{4}{25}$

c) Grün: $\frac{6}{16}$ Rot: $\frac{2}{16}$ Gelb: $\frac{3}{16}$ Blau: $\frac{5}{16}$

d) Blau: $\frac{4}{20}$ Rot: $\frac{8}{20}$ Gelb: $\frac{4}{20}$ Grün: $\frac{4}{20}$

Seite 13 | Aufgabe 2

a)

b)

c)

d)

Seite 13 | Aufgabe 3

a) Richtig. Es gibt insgesamt 8 Dreiecke, von denen 3 blau markiert wurden.
b) Falsch. Es sind zwar insgesamt 6 Kreisausschnitte, jedoch sind diese unterschiedlich groß.
c) Richtig. Die Figur kann in insgesamt 9 gleichgroße Kreisausschnitte eingeteilt werden, von denen 4 farbig markiert wurden.
d) Falsch. Die Figur besteht zwar aus 3 Dreiecken, jedoch sind diese unterschiedlich groß.

Seite 13 | Aufgabe 4

a)

b)

c)

d)

Seite 13 | Aufgabe 5

a) 10 cm   b) 45 cm   c) 1 dn   d) 2 cm

Seite 13 | Aufgabe 6

Beispiel: 160° entsprechen im Kreis einem Anteil von $\frac{160}{360}$, denn ein ganzer Kreis hat 360°.
Kürzt man nun Quotient aus Winkel und 360°, so erhält man den Anteil: $\frac{160}{360} = \frac{40 \cdot 4}{40 \cdot 9} = \frac{4}{9}$
Es gilt demnach: 160° ≙ $\frac{4}{9}$; 300° ≙ $\frac{5}{6}$; 225° ≙ $\frac{5}{8}$; 135° ≙ $\frac{3}{8}$; 120° ≙ $\frac{1}{3}$; 144° ≙ $\frac{2}{5}$; 200° ≙ $\frac{5}{9}$

Seite 14 | Aufgabe 7

a) $A = 2\text{ cm} \cdot 5\text{ cm} = 10\text{ cm}^2$

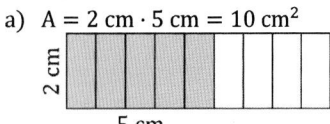

b) $a = 4\text{ cm} \cdot 2\text{ cm} = 8\text{ cm}^2$

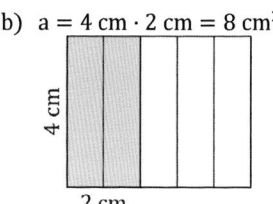

c) $A = 3\text{ cm} \cdot 3\text{ cm} = 9\text{ cm}^2$

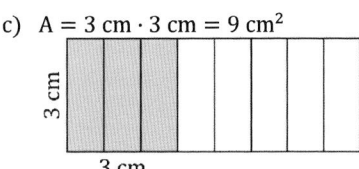

Seite 14 | Aufgabe 8

a) 0,4 km = 400 m
b) 14 m
c) 0,05 € = 5 ct
d) 0,45 € = 45 ct
e) 7,5 kg
f) 0,875 t = 875 kg
g) 0,2 h = 12 min
h) 0,125 m² = 1250 cm²
i) 1,5 ha
j) 14 cm
k) 0,75 Tage = 18 h
l) 5,25 dm²

Seite 14 | Aufgabe 9

a) Französisch: $\frac{3}{9}$ aller Schüler, das sind $108 \cdot \frac{3}{9} = 36$ Schüler.

Spanisch: $\frac{2}{9}$ aller Schüler, das sind $108 \cdot \frac{2}{9} = 24$ Schüler.

Italienisch: $\frac{4}{9}$ aller Schüler, das sind $108 \cdot \frac{4}{9} = 48$ Schüler.

b) Der Kreis ist in 9 gleichmäßige Segmente eingeteilt, das bedeutet, dass ein Kreissegment einen Mittelpunktswinkel von $360° : 9 = 40°$ hat.
Der Kreissektor der Französischwähler besteht aus 3 Kreissegmenten, also beträgt der Mittelpunktswinkel $3 \cdot 40° = 120°$.
Entsprechend gilt für den Kreissektor der Itatlienischwähler $4 \cdot 40° = 160°$ und für den Kreissektor der Spanischwähler $2 \cdot 40° = 80°$.
Probe: $120° + 160° + 80° = 360°$.

c)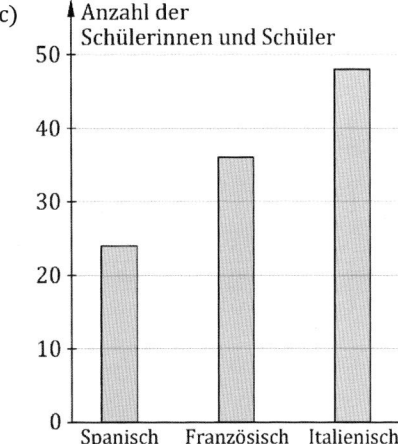

Seite 14 | Aufgabe 10

a) 30 cm
b) 49 g
c) 65 s
d) 51 s
e) 196 min
f) 49 t

Seite 14 | Aufgabe 11

a) Es sind $12 \cdot \frac{5}{2} = 30$ Kinder in der ganzen Klasse.

b) Es gibt insgesamt $6 \cdot \frac{70}{3} = 140$ Plätze.

c) Insgesamt wurden $35 \cdot 12 = 420$ Pkw kontrolliert.

d) Individuelle Lösungen.

Seite 14 | Aufgabe 12

a) Wenn 3 dm $\frac{2}{3}$ vom Ganzen sind, so kann das Ganze nicht kleiner als der Anteil, also 3 dm, sein.
Marie hat Zähler und Nenner vertauscht. Um das Ganze zu berechnen, muss sie den Bruchteil mit dem Kehrwert vom Anteil multiplizieren.

b) Das Ganze beträgt: 3 dm : 2 · 3 = 4,5 dm

Seite 14 | Aufgabe 13

Individuelle Lösungen.

Beispiel: Lena löst in ihrem Matheheft 12 Aufgaben, das sind $\frac{3}{4}$ der Aufgaben, die sie als Hausaufgabe lösen soll. Berechne die Anzahl der Aufgaben, die Lena insgesamt lösen muss.

Seite 15 | Aufgabe 14

a) 6 Quadrate sind $\frac{1}{4}$ der ganzen Figur, also muss die ganze Figur aus 24 Quadraten bestehen.

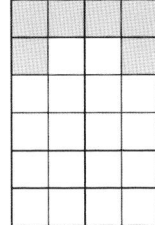

b) 2 Dreiecke sind $\frac{1}{6}$ der ganzen Figur, also muss die ganze Figur aus 12 Dreiecken bestehen.

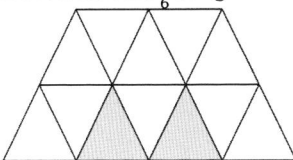

c) Ein Viertel eines Kreises entspricht $\frac{2}{5}$ der ganzen Figur, also muss die ganze Figur aus 2,5 Vierteln bestehen (zwei Vierteln und einem Achtel).

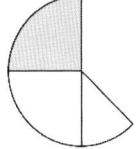

Seite 15 | Aufgabe 15

a) $\frac{1}{5}$ b) $\frac{1}{4}$ c) $\frac{1}{5}$ d) $\frac{3}{5}$ e) $\frac{4}{5}$ f) $\frac{7}{10}$ g) $\frac{5}{8}$ h) $\frac{101}{150}$

Seite 15 | Aufgabe 16

Verkehrsmittel	Anzahl Schüler.	Anteil
Rad	9	$\frac{9}{30} = \frac{3}{10}$
Bus	11	$\frac{11}{30}$
Auto	3	$\frac{3}{30} = \frac{1}{10}$
zu Fuß	7	$\frac{7}{30}$

Seite 15 | Aufgabe 17

Es sind insgesamt 16 Zahlen.

a) Es sind 10 gerade Zahlen, das entspricht einem Anteil von $\frac{10}{16} = \frac{5}{8}$.

b) Es sind 7 Zahlen durch 3 teilbar, das entspricht einem Anteil von $\frac{7}{16}$.

c) Von den 10 geraden Zahlen sind 5 Zahlen größer als 19, das entspricht einem Anteil von $\frac{5}{10} = \frac{1}{2}$.

d) Von den 10 geraden Zahlen sind 6 durch 10 teilbar, das entspricht einem Anteil von $\frac{6}{10} = \frac{3}{5}$.

Seite 15 | Aufgabe 18

Individuelle Lösungen.

Beispiel: Wenn man eine Tafel Schokolade in 5 Stücke teilt und seinem Freund 3 Stücke abgibt, so gibt man $\frac{3}{5}$ der Schokolade ab.

Der Nenner gibt in diesem Beispiel an, in wie viele Stücke man meine Schokolade zerteilt, nämlich 5. Der Zähler gibt an, wie viele der Teile man seinem Freund abgibt, nämlich 3.

Anteile werden durch Brüche beschrieben: Im Beispiel gibt man seinem Freund einen Anteil von $\frac{3}{5}$ der Schokolade ab.

Dabei ist es egal, wie groß die Schokoladentafel war.

Ein Bruchteil beschreibt die genaue Menge, die jeder bekommt. Bei einer 100-g-Tafel bekommt der Freund den Bruchteil 60 g und bei einer 500-g-Tafel den Bruchteil 300 g.

Seite 15 | Aufgabe 19

Felix hat Recht:

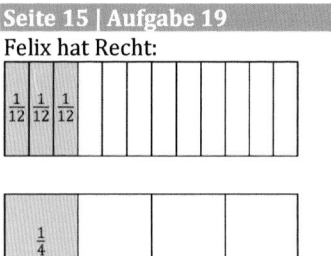

Seite 15 | Aufgabe 20

Die Maße sollten so gewählt werden, dass sich die Länge oder die Breite des Rechtecks in 9 gleich große Teile aufteilen lässt (also ein Vielfaches von 9 ist).

Beispiele: Rechtecke mit den Maßen 3 cm · 9 cm; 4 cm · 9 cm oder 1 cm · 18 cm

Seite 15 | Aufgabe 21

a) Der ganze Quader muss aus 27 Würfeln bestehen, hierzu fehlt ein Würfel. Das macht einen Anteil von $\frac{1}{27}$.
b) Der ganze Quader muss aus 18 Würfeln bestehen, hierzu fehlen vier Würfel. Das macht einen Anteil von $\frac{4}{18} = \frac{2}{9}$.
c) Der ganze Quader muss aus 27 Würfeln bestehen, hierzu fehlen sechs Würfel. Das macht einen Anteil von $\frac{6}{27} = \frac{2}{9}$.
d) Der ganze Quader muss aus 64 Würfeln bestehen, hierzu fehlen 34 Würfel. Das macht einen Anteil von $\frac{34}{64} = \frac{17}{32}$.
e) Individuelle Lösungen, Beispiel:

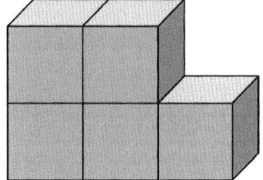

f) Individuelle Lösungen, Beispiel:

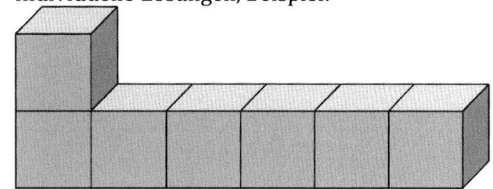

Seite 16 | Aufgabe 22

Anteil		Ganzes		Bruchteil
$\frac{3}{5}$	von	8 kg	sind	4,8 kg
$\frac{1}{8}$	von	2 h	sind	15 min
$\frac{2}{9}$	von	3150 g	sind	700 g
$\frac{4}{7}$	von	105 km	sind	60 km
$\frac{7}{11}$	von	1,54 €	sind	98 ct
$\frac{1}{4}$	von	1 h 20 min	sind	20 min

Seite 16 | Aufgabe 23

Florian hat 30 Minuten für Deutsch investiert, 15 für Englisch und 72 Minuten in Mathe. Somit blieben nicht 20 Minuten für Bio, sondern nur 3 Minuten.

Deutsch		Mathematik	
	Englisch		Biologie

Seite 16 | Aufgabe 24
Die Klasse besteht aus 24 Schülern. Hiervon kommen 6 zu Fuß, was im Kreisdiagramm einen Winkel von 90° ausmacht. Es kommen 3 Kinder mit der Bahn, das macht im Diagramm einen Winkel von 45°. Die 8 Fahrradfahrer werden mit einem Segment von 120° dargestellt, der Rest von 105° stellt den Anteil der busfahrenden Kinder dar.

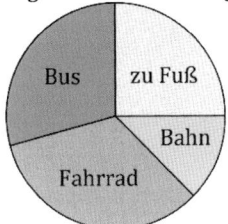

Seite 16 | Aufgabe 25
a) 25 cm b) 75 mm c) 150 mm² d) 125 g

Seite 17 | Aufgabe 26
a) Lena hat $\frac{7}{4} \cdot 28\,€ = 49\,€$ bekommen.
b) Die Annahme ist, dass Michi seine Geschwindigkeit die ganze Zeit konstant hält.
Mit dieser Annahme braucht er für die ganze Strecke $\frac{8}{5} \cdot 45\,\text{min} = 72\,\text{min}$.

Seite 17 | Aufgabe 27
a) Der rote Bruchteil entspricht einem Anteil von $\frac{6}{15}$. Dann beträgt die Gesamtzahl der Schüler $54 \cdot \frac{15}{6} = 135$ Schüler.
b) Mats hat pro Schüler ein Grad im Kreisdiagramm vergeben.
Die richtige Verteilung wäre: 144° für den roten Bruchteil, 72° für den grünen, 120° für den gelben und 24° für den blauen.

Seite 17 | Aufgabe 28
Der Umfang des gesamten Grundstücks beträgt $2 \cdot 26\,\text{m} + 2 \cdot 20\,\text{m} = 92\,\text{m}$.
Hiervon werden $92\,\text{m} - (10\,\text{m} + 6\,\text{m} + 4\,\text{m}) = 72\,\text{m}$ eingezäunt, das macht einen Anteil von $\frac{72}{92} = \frac{18}{23}$.

Seite 17 | Aufgabe 29
Miss den Winkel der Kreisausschnitte. Schokomix hat einen Winkel von 150°. 150° entsprechen also 255 Befragten.
Somit steht 1° für $\frac{255}{150} = \frac{17}{10}$ Befragte. Insgesamt wurden $360 \cdot \frac{17}{10} = 612$ Personen befragt.
Knusperbanane hat einen Winkel von 90°, also einen Anteil am Kreis von $\frac{1}{4}$. Somit stimmten 153 Personen für Knusperbanane.
Erdbeertraum und Nussknacker haben den gleichen Anteil mit jeweils 60°. Somit wählten 102 Personen Erdbeertraum und ebenfalls 102 Personen Nussknacker.

Seite 17 | Aufgabe 30
a) $\frac{8}{25}$ b) $\frac{12}{25}$ c) $\frac{10}{25}$ d) $\frac{4}{25}$

Seite 18 | Aufgabe 31
a) Kunden können so einfacher die Preise von Produkten vergleichen, die in unterschiedlichen Mengen verkauft werden.
b) 800 g haben einen Anteil von $\frac{800}{1000}$ an einem Kilo. Der Preis für ein Kilo wird zur Berechnung des Preises für 800 g mit diesem Faktor multipliziert.
c) Schokolade: Produkt A: 1 kg kostet 9,96 €   Produkt B: 1 kg kostet 8,64 €   Produkt B ist günstiger.
  Apfelsaft: Produkt A: 1 l kostet 2,10 €   Produkt B: 1 l kostet 1,50 €   Produkt B ist günstiger.
  Äpfel: Produkt A: 1 kg kostet 1,99 €   Produkt B: 1 kg kostet 2 €   Produkt A ist günstiger.

Seite 18 | Aufgabe 32
a) Falsch: Wird der Nenner vergrößert, verkleinert sich der Anteil. So ist ein Anteil von $\frac{1}{4}$ größer als $\frac{1}{5}$.
b) Richtig: Wird der Zähler verkleinert, verkleinert sich auch der Anteil. So ist ein Anteil von $\frac{3}{5}$ größer als einer von $\frac{2}{5}$.

Seite 18 | Aufgabe 33
Individuelle Lösungen.

Seite 18 | Aufgabe 34
Das ist nicht wahr. Durch das Mischen der Farben verändert sich die Grundmenge.
Es werden 375 ml gelbe und 125 ml roter Farbe gemischt, das ergibt insgesamt 500 ml Farbe.
Rot hat dann tatsächlich einen Anteil von $\frac{1}{4}$, denn es gilt $\frac{125}{500} = \frac{1}{4}$. Gelb hat jedoch einen Anteil von $\frac{375}{500} = \frac{3}{4}$.

Seite 18 | Aufgabe 35
Katharina hat 2 Klöße gegessen, Sina ebenfalls 2 Klöße und Leif 4 Klöße. Insgesamt waren es am Anfang 12 Klöße.
Leif: $\frac{1}{3} \cdot 12 = 4$, 8 Klöße bleiben übrig.
Sina: $\frac{1}{4} \cdot 8 = 2$, 6 Klöße bleiben übrig.
Katharina: $\frac{1}{3} \cdot 6 = 2$, 4 Klöße bleiben übrig.

1.2 Vergleichen, Kürzen und Erweitern von Brüchen

Seite 19 | Einstieg
Sie haben nicht gleich viel gegessen, da ihre Pizzen unterschiedlich geschnitten wurden. Lenas Pizza wurde in 12 Stücke geteilt, Felix' Pizza nur in 8. Somit hat Lena $\frac{3}{12}$ ihrer Pizza gegessen, Felix hat mehr gegessen, nämlich $\frac{3}{8}$.
Diese Größen kann man noch vergleichen, da beide Anteile den gleichen Zähler haben. Isst Lena noch weitere zwei Stücke, hat sie einen Anteil von $\frac{5}{12}$ gegessen. Die Anteile $\frac{5}{12}$ und $\frac{3}{8}$ sind auf den ersten Blick nicht so gut vergleichbar. Allerdings kann man beide Brüche umschreiben: $\frac{5}{12} = \frac{10}{24}$ und $\frac{3}{8} = \frac{9}{24}$. Nun kann man besser vergleichen und sieht, dass Lena jetzt mehr Pizza gegessen hat.

Seite 22 | Aufgabe 1
a) $\frac{4}{5} > \frac{3}{5}$ b) $\frac{9}{12} < \frac{11}{12}$ c) $\frac{4}{5} > \frac{4}{6}$ d) $\frac{9}{12} < \frac{9}{11}$

Seite 22 | Aufgabe 2
a) Bei einem gleichen Nenner muss nur der Zähler verglichen werden. Ist der Zähler größer, so ist auch der Bruch größer.
b) Bei einem gleichen Zähler muss nur der Nenner verglichen werden. Der Bruch mit dem kleineren Nenner ist der größere.

Seite 22 | Aufgabe 3
a) $\frac{3}{8} < \frac{3}{7} < \frac{4}{7}$ b) $\frac{4}{9} < \frac{4}{8} < \frac{5}{8} < \frac{5}{7}$ c) $\frac{7}{12} < \frac{7}{11} < \frac{8}{11} < \frac{8}{10}$ d) $\frac{1}{6} < \frac{2}{6} < \frac{2}{5} < \frac{3}{5} < \frac{3}{4} < \frac{4}{4}$

Seite 22 | Aufgabe 4
a) Wenn der Zähler kleiner wird und der Nenner gleich bleibt, so wird der Anteil kleiner.
Beispiel: $\frac{2}{5} < \frac{3}{5}$
b) Wenn der Nenner größer wird und der Zähler gleich bleibt, so wird der Anteil kleiner.
Beispiel: $\frac{2}{6} < \frac{2}{5}$
c) Wenn der Nenner kleiner und der Zähler größer wird, so wird der Anteil größer.
Beispiele: $\frac{9}{10} > \frac{7}{11}; \frac{3}{11} > \frac{2}{13}$

Seite 22 | Aufgabe 5
a) $\frac{2 \cdot 4}{3 \cdot 4} = \frac{8}{12}$ b) $\frac{2 \cdot 7}{5 \cdot 7} = \frac{14}{35}$ c) $\frac{7 \cdot 9}{12 \cdot 9} = \frac{63}{108}$ d) $\frac{12 \cdot 4}{17 \cdot 4} = \frac{48}{68}$

Seite 22 | Aufgabe 6
a) $\frac{5 \cdot 10}{6 \cdot 10} = \frac{50}{60}$ c) $\frac{2 \cdot 5}{3 \cdot 5} = \frac{10}{15}$ e) $\frac{5 \cdot 3}{12 \cdot 3} = \frac{15}{36}$ g) $\frac{7 \cdot 5}{15 \cdot 5} = \frac{35}{75}$
b) $\frac{5 \cdot 3}{7 \cdot 3} = \frac{15}{21}$ d) $\frac{5 \cdot 2}{12 \cdot 2} = \frac{10}{24}$ f) $\frac{12 \cdot 4}{25 \cdot 4} = \frac{48}{100}$ h) $\frac{1 \cdot 20}{20 \cdot 20} = \frac{20}{400}$

Seite 22 | Aufgabe 7
a) Es sind $\frac{3}{8}$ gefärbt. Beim Erweitern verändert sich der Anteil nicht, da Zähler und Nenner mit dem gleichen Faktor multipliziert werden. Beim anschließenden Kürzen des Bruchs würde also wieder der ursprüngliche Bruch zum Vorschein kommen.
$\frac{3}{8} = \frac{3 \cdot 4}{8 \cdot 4} = \frac{12}{32}$
b) Es ist $\frac{1}{4}$ gefärbt. Beim Erweitern verändert sich der Anteil nicht, da Zähler und Nenner mit dem gleichen Faktor multipliziert werden. Beim anschließenden Kürzen des Bruchs würde also wieder der ursprüngliche Bruch zum Vorschein kommen.
$\frac{1}{4} = \frac{1 \cdot 2}{4 \cdot 2} = \frac{2}{8}$

Seite 22 | Aufgabe 8
a) $\frac{4}{5}; \frac{7}{9}; \frac{11}{13}; \frac{29}{48}$ b) $\frac{7}{16}; \frac{1}{2}; \frac{4}{24}; \frac{21}{55}$ c) $\frac{2}{7}; \frac{8}{22}; \frac{4}{13}; \frac{9}{61}$ d) $\frac{1}{11}; \frac{3}{7}; \frac{9}{6}; \frac{5}{13}$

Seite 22 | Aufgabe 9
a) $\frac{12}{16} = \frac{12:4}{16:4} = \frac{3}{4}$ b) $\frac{36}{54} = \frac{36:9}{54:9} = \frac{4}{6}$ c) $\frac{52}{91} = \frac{52:13}{91:13} = \frac{4}{7}$ d) $\frac{410}{760} = \frac{410:10}{760:10} = \frac{41}{76}$

Seite 23 | Aufgabe 10
Beim Kürzen verändert sich der Anteil nicht, da Zähler und Nenner durch den gleichen Faktor geteilt werden.
a) Es wurden $\frac{10}{25}$ gefärbt, das sind gekürzt $\frac{2}{5}$.
b) Es wurden $\frac{4}{12}$ gefärbt, das sind gekürzt $\frac{1}{3}$.

Seite 23 | Aufgabe 11
Bei den Brüchen müssen Zähler und Nenner beide durch die jeweilige Zahl teilbar sein.
Durch 2 kürzbar: $\frac{12}{18} = \frac{6}{9}; \frac{8}{56} = \frac{4}{28}; \frac{60}{144} = \frac{30}{72}; \frac{176}{224} = \frac{88}{112}$
Durch 3 kürzbar: $\frac{12}{18} = \frac{4}{6}; \frac{333}{666} = \frac{111}{222}; \frac{60}{144} = \frac{20}{48}$
Durch 5 kürzbar: $\frac{125}{250} = \frac{25}{50}$
Durch 7 kürzbar: $\frac{455}{504} = \frac{65}{72}$

Lösungen Fokus Mathematik 6

Durch 9 kürzbar: $\frac{333}{666} = \frac{37}{74}$

Seite 23 | Aufgabe 12
a) $\frac{48:24}{72:24} = \frac{2}{3}$
b) $\frac{143:11}{187:11} = \frac{13}{17}$
c) $\frac{54:18}{126:18} = \frac{3}{7}$
d) $\frac{144:48}{336:48} = \frac{3}{7}$
e) $\frac{135:45}{180:45} = \frac{3}{4}$
f) $\frac{75:15}{120:15} = \frac{5}{8}$
g) $\frac{65:13}{91:13} = \frac{5}{7}$
h) $\frac{38:19}{95:19} = \frac{2}{5}$

Seite 23 | Aufgabe 13
Individuelle Lösungen. Beispiellösungen:
a) $\frac{5}{24}$
b) $\frac{36}{37}$
c) $\frac{3}{18}$

Seite 23 | Aufgabe 14
Jevgenia liegt falsch. $\frac{3}{9}$ kann durch Kürzen mit 3 zu $\frac{1}{3}$ und dann durch Erweitern mit 2 zu $\frac{2}{6}$ umgeformt werden.

Seite 23 | Aufgabe 15
a) $\frac{2}{3} = \frac{4}{6}$
b) $\frac{9}{12} = \frac{3}{4}$
c) $\frac{9}{12} = \frac{3}{4} > \frac{3}{8}$
d) $\frac{3}{5} = \frac{18}{30} < \frac{4}{6} = \frac{20}{30}$

Seite 23 | Aufgabe 16
a) $\frac{3}{7} > \frac{1}{4}$
b) $\frac{7}{8} > \frac{1}{5}$
c) $\frac{2}{3} < \frac{4}{5}$
d) $\frac{7}{10} > \frac{3}{5}$
e) $\frac{9}{13} > \frac{2}{9}$
f) $\frac{5}{6} > \frac{3}{4}$
g) $\frac{6}{7} > \frac{14}{35}$
h) $\frac{7}{11} > \frac{3}{13}$

Seite 23 | Aufgabe 17
Noah liegt falsch. Der direkte Vergleich der Zähler funktioniert nur dann, wenn die Nenner identisch sind. Sie sind es in diesem Fall nicht, Erweitern mit 3 ergibt $\frac{5}{13} = \frac{15}{39}$: Die Brüche sind gleich groß.

Seite 24 | Aufgabe 18
Mannheim hat in der Summe zwar mehr Tore erzielt als Nürnberg, jedoch auch mehr Gegentore erhalten. Im Verhältnis ist Nürnberg mit $\frac{25}{40}$ die bessere Mannschaft als Mannheim mit $\frac{28}{48}$, da gilt $\frac{25}{40} > \frac{28}{48}$.

Seite 24 | Aufgabe 19
a) Blau $\frac{4}{6}$; Rot $\frac{5}{8}$. $\frac{4}{6} = \frac{16}{24}$, $\frac{5}{8} = \frac{15}{24}$: Der blaue Anteil ist größer als der rote.
b) Blau $\frac{1}{4}$; Rot $\frac{2}{9}$. $\frac{1}{4} = \frac{9}{36}$, $\frac{2}{9} = \frac{8}{36}$: Der blaue Anteil ist größer als der rote.
c) Blau $\frac{8}{12}$; Rot $\frac{3}{4}$. $\frac{3}{4} = \frac{9}{12}$: Der rote Anteil ist größer als der blaue.

Seite 24 | Aufgabe 20
Eva hat die Brüche mit $\frac{1}{2}$ verglichen und konnte sie so ins Verhältnis setzen.
a) $\frac{3}{7} < \frac{1}{2} < \frac{5}{8}$
b) $\frac{2}{5} < \frac{1}{2} < \frac{4}{7}$
c) $\frac{4}{25} < \frac{1}{5} < \frac{2}{5}$
d) $\frac{1}{4} < \frac{1}{3} < \frac{4}{9}$

Seite 24 | Aufgabe 21
a) $180 = 3 \cdot 60$; $180 = 5 \cdot 36$: Der Hauptnenner von 36 und 60 ist 180.
$90 = 2 \cdot 45$; $90 = 5 \cdot 18$: Der Hauptnenner von 18 und 45 ist 90.
$168 = 3 \cdot 56$; $168 = 7 \cdot 24$: Der Hauptnenner von 24 und 56 ist 168.
$140 = 4 \cdot 35$; $140 = 5 \cdot 28$; $140 = 7 \cdot 20$: Der Hauptnenner von 20, 28 und 35 ist 140.
b) $36 = 2 \cdot 2 \cdot 3 \cdot 3$; $60 = 2 \cdot 2 \cdot 3 \cdot 5$, der Hauptnenner ist $2 \cdot 2 \cdot 3 \cdot 3 \cdot 5 = 180$
$18 = 2 \cdot 3 \cdot 3$; $45 = 3 \cdot 3 \cdot 5$, der Hauptnenner ist $2 \cdot 3 \cdot 3 \cdot 5 = 90$
$24 = 2 \cdot 2 \cdot 2 \cdot 3$; $56 = 2 \cdot 2 \cdot 2 \cdot 7$, der Hauptnenner ist $2 \cdot 2 \cdot 2 \cdot 3 \cdot 7 = 168$
$20 = 2 \cdot 2 \cdot 5$; $28 = 2 \cdot 2 \cdot 7$, $35 = 5 \cdot 7$; der Hauptnenner ist $2 \cdot 2 \cdot 5 \cdot 7 = 140$
c) Individuelle Lösungen.

Seite 24 | Aufgabe 22
a) $\frac{18}{135}$; $\frac{20}{135}$
b) $\frac{33}{220}$; $\frac{52}{220}$
c) $\frac{108}{336}$; $\frac{98}{336}$; $\frac{112}{336}$
d) $\frac{7}{11}$; $\frac{7}{11}$; $\frac{3}{11}$

Seite 24 | Aufgabe 23
a) Beispiellösungen
① 4 und 5
② 3 und 13
③ 5 und 13
④ 7 und 11
b) Individuelle Lösungen. Wenn es mehr als 2 (nicht notwendigerweise verschiedene) Primfaktoren gibt, gibt es mehrere Möglichkeiten.

Seite 25 | Aufgabe 24
$\frac{6}{20} < \frac{6}{19} < \frac{8}{19} < \frac{4}{9} < \frac{1}{2} < \frac{3}{5} < \frac{12}{18} < \frac{3}{4} < \frac{16}{17} < \frac{17}{18}$
Lösungswort: MAUSEFALLE

Seite 25 | Aufgabe 25
Es gilt: $\frac{1}{5} = \frac{3}{15} > \frac{3}{16}$

Seite 25 | Aufgabe 26
a) 1; 2; 3; 4; 5
b) 1; 2; 3
c) $x \geq 14$
d) 8; 9; 10
e) 6; 7; 8
f) 3; 4; 5; 6
g) 8
h) 6; 7; 8; 9

Seite 25 | Aufgabe 27
a) Da Flächenanteile verglichen werden sollen, spielen die absoluten Größen der Flächen keine Rolle:
Das erste Rechteck hat einen gefärbten Anteil von $\frac{5}{12}$, das zweite einen Anteil von $\frac{4}{9}$ und das dritte einen Anteil von $\frac{4}{12}$.
Wegen $\frac{4}{9} > \frac{5}{12} > \frac{4}{12}$ ist der Anteil des zweiten Rechtecks am größten, das des ersten Rechtecks ist am zweitgrößten und das dritte Rechteck weist den kleinsten gefärbten Anteil auf.
b) Die Fläche der Rechtecke beträgt jeweils 6 cm · 4,5 cm = 27 cm².
Der gefärbte Anteil im ersten Rechteck ist also $27 \text{ cm}^2 \cdot \frac{5}{12} = 11{,}25 \text{ cm}^2$ groß.
Der gefärbte Anteil des zweiten Rechtecks ist $27 \text{ cm}^2 \cdot \frac{4}{9} = 12 \text{ cm}^2$ groß.
Der gefärbte Anteil des dritten Rechtecks ist $27 \text{ cm}^2 \cdot \frac{4}{12} = 9 \text{ cm}^2$ groß.

Seite 26 | Aufgabe 28
a) $\frac{1}{2} = \frac{2}{4} = \frac{3}{6} < \frac{6}{7}$
b) $\frac{2}{10} < \frac{1}{2} < \frac{6}{9}$
c) $\frac{2}{7} < \frac{1}{3} < \frac{8}{21} < \frac{4}{7} < \frac{2}{3}$
d) $\frac{2}{6} < \frac{2}{5} < \frac{35}{70} < \frac{7}{10} < \frac{35}{49} < \frac{3}{4}$

Seite 26 | Aufgabe 29
a) $\frac{60 \cdot 24}{72 \cdot 70} = \frac{6 \cdot 24}{72 \cdot 7} = \frac{6 \cdot 3}{9 \cdot 7} = \frac{6 \cdot 1}{3 \cdot 7} = \frac{2}{7}$

b) $\frac{38 \cdot 25}{75 \cdot 19} = \frac{38 \cdot 1}{3 \cdot 19} = \frac{2 \cdot 1}{3 \cdot 1} = \frac{2}{3}$

$\frac{28 \cdot 51 \cdot 55}{42 \cdot 77 \cdot 85 \cdot 2} = \frac{28 \cdot 51 \cdot 5}{42 \cdot 7 \cdot 85 \cdot 2} = \frac{4 \cdot 51 \cdot 5}{6 \cdot 7 \cdot 85 \cdot 2} = \frac{4 \cdot 17 \cdot 5}{2 \cdot 7 \cdot 17 \cdot 2} = \frac{4 \cdot 17 \cdot 1}{2 \cdot 7 \cdot 1 \cdot 1} = \frac{2 \cdot 1 \cdot 1}{7} = \frac{1}{7}$

c) $\frac{480}{720} = \frac{48 \cdot 10}{72 \cdot 10} = \frac{8 \cdot 6 \cdot 10}{8 \cdot 9 \cdot 10} = \frac{6}{9} = \frac{2 \cdot 3}{3 \cdot 3} = \frac{2}{3}$

$\frac{36}{540} = \frac{4 \cdot 9}{60 \cdot 9} = \frac{4 \cdot 9}{4 \cdot 15 \cdot 9} = \frac{1}{15}$

$\frac{63 \cdot 45}{42 \cdot 60} = \frac{3 \cdot 45}{2 \cdot 60} = \frac{3 \cdot 3}{2 \cdot 4} = \frac{9}{8}$

$\frac{156}{168} = \frac{4 \cdot 39}{4 \cdot 42} = \frac{4 \cdot 3 \cdot 13}{4 \cdot 2 \cdot 3 \cdot 7} = \frac{13}{2 \cdot 7} = \frac{13}{14}$

$\frac{54}{126} = \frac{6 \cdot 9}{14 \cdot 9} = \frac{2 \cdot 3 \cdot 9}{2 \cdot 7 \cdot 9} = \frac{3}{7}$

Seite 26 | Aufgabe 30
Mona hat Recht – wenn der Nenner gleich ist, kann man die Mitte zwischen zwei Brüchen anhand der Zähler bestimmen.
Bei Brüchen mit unterschiedlichen Nennern funktioniert das nicht, man kann auch nicht die Mitte der Nenner verwenden, um den Bruch in der Mitte zu bestimmen.
Um die Mitte zwischen $\frac{2}{5}$ und $\frac{2}{7}$ zu bestimmen, muss man die Brüche auf einen gemeinsamen Nenner bringen:
$\frac{2}{5} = \frac{14}{35}$; $\frac{2}{7} = \frac{10}{35}$; in der Mitte zwischen 14 und 10 liegt 12, in der Mitte von $\frac{2}{5}$ und $\frac{2}{7}$ liegt also $\frac{12}{35}$.

Seite 26 | Aufgabe 31
a) $\frac{8}{12}$
b) $\frac{16}{36} = \frac{4}{9}$
c) $\frac{7}{14} = \frac{1}{2}$
d) $\frac{19}{30}$

Seite 26 | Aufgabe 32
Man findet 100 Zahlen zwischen $\frac{7}{9}$ und $\frac{8}{9}$, indem man durch Erweitern den Nenner immer weiter vergrößert, bis zwischen den Zählern der erweiterten Brüche mindestens 100 Zahlen liegen.

Seite 26 | Aufgabe 33
Bei diesem Verfahren wird jeder Bruch mit dem Nenner des anderen Bruchs erweitert. Anschließend müssen nur noch die Zähler verglichen werden.

Seite 26 | Aufgabe 34
Individuelle Lösungen. Die Punkte liegen auf einer Geraden.

1.3 Brüche und Prozente

Seite 27 | Einstieg
Fett hat einen Anteil von $\frac{2}{5}$, die gesättigten Fettsäuren haben einen Anteil von $\frac{4}{25}$. Kohlenhydrate haben einen Anteil von $\frac{2}{5}$, Zucker hat einen Anteil von $\frac{9}{25}$. Eiweiß hat einen Anteil von $\frac{1}{10}$.
In 100 g Schokolade befinden sich also 40 g Fett, davon 16 g gesättigte Fettsäuren, außerdem 40 g Kohlenhydrate, davon 36 g Zucker, und 10 g Eiweiß.
Ein Anteil von 10 % entspricht $\frac{1}{10}$, ein Anteil von 1 % entspricht $\frac{1}{100}$.

Seite 29 | Aufgabe 1
a) $\frac{3}{20}$
b) $\frac{3}{25}$
c) $\frac{33}{100}$
d) $\frac{1}{4}$
e) $\frac{3}{5}$
f) $\frac{57}{100}$
g) $\frac{24}{25}$
h) $\frac{1}{25}$
i) 7 %
j) 75 %
k) 12 %
l) 54 %
m) 15 %
n) 17 %
o) 70 %
p) 45 %

Seite 29 | Aufgabe 2
Es gilt $\frac{27}{45} = \frac{3}{5} = \frac{60}{100}$. Durch vorheriges Kürzen lässt sich dieser Bruch also auf den Nenner 100 erweitern.

Seite 29 | Aufgabe 3
a) $15\% = \frac{30}{200}$
b) $25\% = \frac{5}{20}$
c) $40\% = \frac{2}{5}$
d) $45\% = \frac{18}{40}$

Seite 29 | Aufgabe 4
Individuelle Lösungen. Beispiele:

a)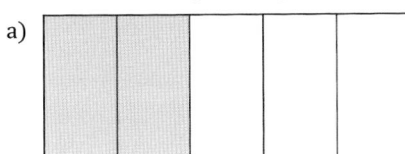

b)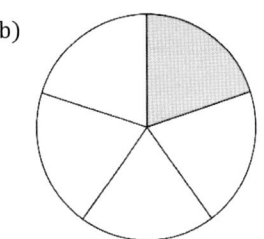

Seite 29 | Aufgabe 5
a) 2 €
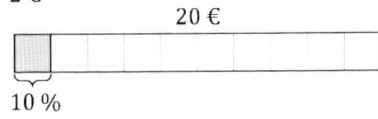

c) 3 m²
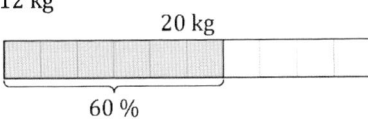

b) 12 kg
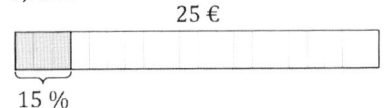

d) 3,75 €

Seite 29 | Aufgabe 6
$\frac{34}{100} \cdot 150 = 51$
Die Tafel enthält 51 g Kakao.

Seite 29 | Aufgabe 7
$\frac{105}{150} = 70$
Der Preis wurde auf 70 %, also um 30 % reduziert.

Seite 29 | Aufgabe 8
$\frac{100}{30} \cdot 195 = 650$
Der gesamte Rechnungsbetrag war 650 €.

Seite 30 | Aufgabe 9
Individuelle Lösungen. Beispiele:
a) Thorsten hat von seinen 340 € Schulden bereits 60 % getilgt. Berechne, wie viel er noch zahlen muss.
b) Lea möchte sich ein neues Handy kaufen. Sie hat bereits 340 € gespart, das sind 80 % des Kaufpreises. Berechne den Preis des Handys.
c)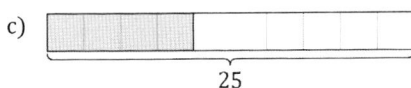

Seite 30 | Aufgabe 10
a) $\frac{1}{5} = 20\%$
b) $\frac{2}{5} = 40\%$
c) $\frac{1}{4} = 25\%$
d) $\frac{1}{5} = 20\%$

Seite 30 | Aufgabe 11
a) 25 % von 220 g sind 55 g, 20 % von 275 g sind 55 g: Die Anteile sind gleich groß.
b) 65 % von 1 km sind 650 m, 14 % von 5 km sind 700 m: Der erste Anteil ist größer.
c) 10 % eines Monats mit 30 Tagen sind 3 Tage, 25 % einer Woche sind weniger als 2 Tage: Der erste Anteil ist größer.

Seite 30 | Aufgabe 12
a) $\frac{3}{20} = 15\% < \frac{4}{25} = 16\% < \frac{16}{80} = \frac{3}{15} = \frac{1}{5} = 20\% < \frac{1}{4} = 25\% < \frac{3}{10} = 30\% < \frac{8}{16} = 50\%$
b) $15\% < 16\% < 20\% < 25\% < 30\% < 50\%$
c) Die Prozentwerte sind wesentlich einfacher zu sortieren als die Brüche.

Seite 30 | Aufgabe 13
Insgesamt waren 20 % der Stimmen ungültig oder Enthaltungen. Das sind 6 Stimmen.

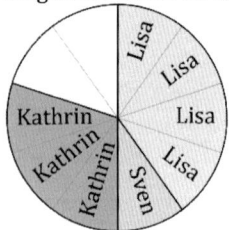

Seite 30 | Aufgabe 14
a) ① Jungenanteil $\frac{9}{20} = 45\%$ ② Jungenanteil $\frac{12}{25} = 48\%$ ③ Jungenanteil $\frac{41}{101} \approx 41\%$
Der Jungenanteil ist bei Projekt ② mit 48 % am größten.
b) Angaben in Prozentschreibweise lassen sich schneller miteinander vergleichen als Brüche.

Seite 31 | Aufgabe 15
a) Bei 100 m beträgt der Höhenunterschied 15 m.
Bei 1 km beträgt der Höhenunterschied 150 m.
b) Die Steigung beträgt 8 %.

Seite 31 | Aufgabe 16
a) Anteil Rosinen: $\frac{1}{5} = 20\%$; Anteil Cornflakes: $\frac{2}{5} = 40\%$; 25 % + 20 % + 40 % + 5 % = 90 %.
Trockenobst hat einen Anteil von 10 % im Müsli.
b) Laut Rezept müssen 5 % Haselnüsse und 40 % Cornflakes enthalten sein.
Für 2 kg Müsli bräuchte Anja also 800 g Cornflakes und 100 g Haselnüsse. Also reichen ihre Haselnüsse nicht aus.

Seite 31 | Aufgabe 17
a) I: 215° entspricht rund 60 %
II: 20° entspricht rund 6 %
III: 55° entspricht rund 15 %
IV: 70° entspricht rund 19 %
b) Man zeichnet einen Streifen und misst seine Länge. Die Länge der Teilstreifen kann man dann mithilfe der Prozentangaben ausrechnen, der Teilstreifen zum Sektor IV macht z. B. etwa ein Fünftel des gesamten Streifens aus.

Seite 31 | Aufgabe 18
a)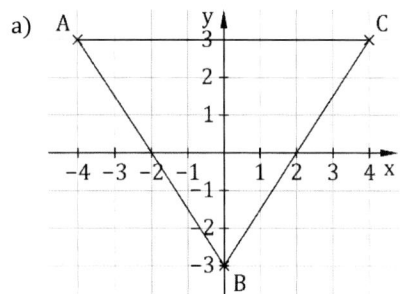

Flächeninhalt des gesamten Dreiecks:
$A = \frac{1}{2} \cdot 8\text{ cm} \cdot 6\text{ cm} = 24\text{ cm}^2$
Flächeninhalt des Dreiecks unterhalb der x-Achse:
$A = \frac{1}{2} \cdot 4\text{ cm} \cdot 3\text{ cm} = 6\text{ cm}^2$
Anteil:
$\frac{6}{24} = 0{,}25 = 25\%$
Unter der x-Achse liegen 25 % des gesamten Flächeninhalts.

b)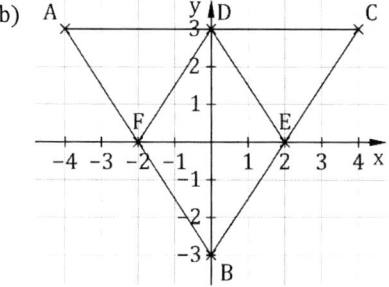

Flächeninhalt der Figur BEDF:
$A = 2 \cdot \frac{1}{2} \cdot 4\text{ cm} \cdot 3\text{ cm} = 12\text{ cm}^2$
Flächeninhalt der Figur AFEC:
$A = 3 \cdot \frac{1}{2} \cdot 4\text{ cm} \cdot 3\text{ cm} = 18\text{ cm}^2$
Anteil:
$\frac{12}{18} = \frac{2}{3}$
Der Punkt D(0|3) erfüllt die Bedingung.

Seite 31 | Aufgabe 19
a) Individuelle Lösungen.
b) Gesamte Fläche: $(50\text{ mm})^2 = 2500\text{ mm}^2$
Fläche des inneren, gelben Quadrats: $(35\text{ mm})^2 = 1225\text{ mm}^2$
Fläche des Rands: $2500\text{ mm}^2 - 1225\text{ mm}^2 = 1275\text{ mm}^2$
Anteil: $\frac{1275}{2500} = \frac{51}{100} = 51\%$
Der Anteil des Rands beträgt 51 %.
c) Wenn der Rand 36 % der gesamten Fläche einnehmen soll, dann muss das innere Quadrat 64 % der Fläche einnehmen, das sind $\frac{64}{100} \cdot 2500\text{ mm}^2 = 1600\text{ mm}^2$.
Das innere Quadrat hat damit eine Seitenlänge von 40 mm.

1.4 Darstellung von Brüchen auf der Zahlengeraden, Bruchzahlen

Seite 32 | Einstieg
Die Tafeln bestehen jeweils aus 5 Reihen zu je 4 Stücken, insgesamt gibt es also 15 solcher Reihen. Jeder der 5 Freunde erhält also 3 Reihen.

Seite 35 | Aufgabe 1
a) Jedes Kind bekommt $\frac{6}{8}$, jedes Kind erhält damit $\frac{3}{4}$ einer Pizza.
b) Jedes Kind bekommt $\frac{3}{24}$ kg = $\frac{3000}{24}$ g, also 125 g Eiscreme.

Seite 35 | Aufgabe 2
a) $\frac{14}{70} = \frac{1}{5}$
b) $\frac{34}{85} = \frac{2}{5}$
c) $\frac{12}{128} = \frac{3}{32}$
d) $\frac{84}{336} = \frac{1}{4}$

Seite 35 | Aufgabe 3
a) $\frac{5}{24} = 5 : 24$
b) $\frac{10}{24} = \frac{5}{12}$
c) $\frac{5}{27} = 10 : 54$
d) $\frac{18}{27} = \frac{6}{9}$
e) $\frac{15}{36} = 5 : 12$
f) $\frac{9}{18} = 2 : 4$
g) $\frac{6}{9} = 8 : 12$
h) $\frac{35}{42} = \frac{10}{12}$

Seite 35 | Aufgabe 4
Nathan hat recht, Miriam nicht. Die Division durch 0 liefert kein Ergebnis, denn es ist nicht möglich, etwas in 0 Teile aufzuteilen.

Seite 35 | Aufgabe 5
a) $-\frac{4}{3}; -\frac{1}{3}; \frac{2}{3}; \frac{7}{3}$
b) $-\frac{1}{2}; -\frac{1}{4}; \frac{3}{2}; \frac{7}{4}$
c) $-\frac{4}{3}; -\frac{1}{3}; \frac{4}{3}; 3$
d) $-\frac{2}{5}; \frac{1}{5}; \frac{3}{10}; \frac{9}{10}$

Seite 35 | Aufgabe 6
a)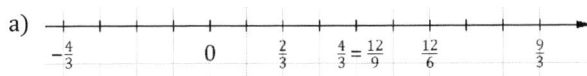
b)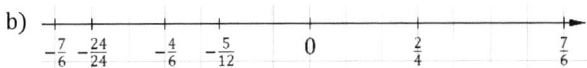

Seite 35 | Aufgabe 7
Richte die Schrittweite nach der Zahl mit dem kleinsten Nenner.

a)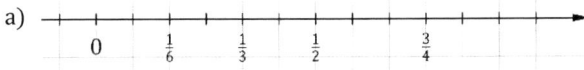

b)
$-\frac{36}{48}$ $-\frac{1}{4}$ 0 $\frac{4}{16}$ $\frac{7}{8} \frac{15}{16}$

Seite 36 | Aufgabe 8
a) $\frac{54}{16} = 3\frac{6}{16} = 3\frac{3}{8}$
b) $\frac{16}{6} = 2\frac{4}{6} = 2\frac{2}{3}$
c) $\frac{13}{8} = 1\frac{5}{8}$

Seite 36 | Aufgabe 9
Bilder individuelle Lösungen.
a) $\frac{21}{14} = 1\frac{1}{2}$
b) $\frac{26}{9} = 2\frac{8}{9}$
c) $\frac{45}{8} = 5\frac{5}{8}$
d) $\frac{11}{4} = 2\frac{3}{4}$

Seite 36 | Aufgabe 10
a) $4\frac{1}{4} = \frac{17}{4}$
b) $1\frac{5}{6} = \frac{11}{6}$
c) $7\frac{1}{12} = \frac{85}{12}$
d) $-5\frac{5}{6} = -\frac{51}{9}$

Seite 36 | Aufgabe 11
a) 3 und 4
b) 2 und 3
c) −2 und −3
d) −5 und −6

Seite 36 | Aufgabe 12
a) Sarah rechnet beide Brüche in gemischte Zahlen um, Tim rechnet mit unechten Brüchen und erweitert sie auf den Hauptnenner.
b) ① $4 < \frac{69}{17} = 4\frac{1}{17}$
   ③ $\frac{3}{4} < \frac{11}{3} = 3\frac{2}{3}$
   ② $-4 > -\frac{69}{17} = -4\frac{1}{17}$
   ④ $-\frac{156}{65} = -2\frac{26}{65} > -\frac{73}{15} = -4\frac{13}{65}$

Seite 36 | Aufgabe 13
a) $2\frac{5}{13} > 2\frac{5}{14}$
b) $1\frac{14}{19} < \frac{67}{38}$
c) $-\frac{4}{5} > -\frac{5}{4}$
d) $\frac{23}{6} < \frac{27}{7}$

Seite 36 | Aufgabe 14
a) $-\frac{5}{8} < -\frac{1}{2} < -\frac{3}{7} < \frac{5}{9} < \frac{10}{7} < 2\frac{2}{7} < \frac{24}{8}$
b) $-2\frac{3}{80} < -2\frac{1}{40} < -\frac{17}{80} < \frac{17}{81} < \frac{52}{73} < 1\frac{2}{74} < \frac{77}{74}$
c) Man kann die Lösung mit einer Zahlengerade überprüfen.

Seite 36 | Aufgabe 15
a) $\frac{2}{3} \in \mathbb{Q}$
c) $\frac{49}{7} = 7 \in \mathbb{N}$
e) $2\frac{3}{9} \in \mathbb{N}$
g) $30\% = \frac{30}{100} \in \mathbb{Q}$

b) $0 \in \mathbb{Z}$ d) $48 : (-8) = -6 \in \mathbb{Z}$ f) $(-24) : (-6) = 4 \in \mathbb{N}$ h) $-\frac{136}{17} = -8 \in \mathbb{Z}$

Seite 36 | Aufgabe 16
a) In $\mathbb{Z}$ hat jedes Element einen Vorgänger.
b) In $\mathbb{N}$ ist die Darstellung jedes Elements eindeutig.
c) In $\mathbb{Q}$ kann man zwischen zwei beliebigen Elementen immer ein weiteres Element finden.

Seite 37 | Aufgabe 17
a) Wahr, es kann z. B. die Zahl im Zähler und eine 1 im Nenner stehen.
b) Falsch. Gegenbeispiel: 3 ist Teiler von 3 und es gilt $\frac{3}{3} = 1$.
c) Wahr, denn dann kann man den Bruch mit dem Nenner kürzen.
d) Falsch. Gegenbeispiel: $\frac{3}{7}$ liegt links von $\frac{1}{2}$.
e) Falsch. Gegenbeispiel: $\frac{-4}{2} = -2$
f) Wahr, denn man kann jede ganze Zahl als Bruch darstellen.

Seite 37 | Aufgabe 18
a) Falsch, richtig ist $3\frac{9}{27} = 3\frac{1}{3}$ b) Richtig
c) Richtig d) Falsch, richtig ist $-\frac{66}{32} = -2\frac{1}{16}$

Seite 37 | Aufgabe 19
a) $1\frac{5}{6} = \frac{11}{6}; 2\frac{2}{6} = 2\frac{1}{3} = \frac{7}{3}$
b) $-\frac{10}{3} = -3\frac{1}{3}; -\frac{7}{3} = -2\frac{1}{3}; -\frac{5}{3} = -1\frac{2}{3}$
c) $10\frac{7}{9} = \frac{97}{9}; 11\frac{3}{9} = \frac{102}{9} = \frac{34}{3}; 12\frac{1}{9} = \frac{109}{9}$
d) $-9\frac{3}{4} = -\frac{39}{4}; -8\frac{1}{4} = -\frac{33}{4}; -7\frac{2}{4} = -\frac{30}{4} = -\frac{15}{2}$

Seite 37 | Aufgabe 20
a)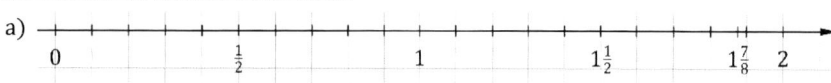
b)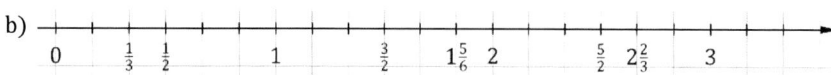
c)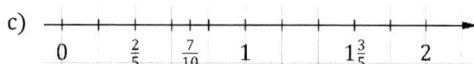
d)

Seite 37 | Aufgabe 21
Maria wählt als Einheit 1 m, teilt die Skizze in 3 gleich große Teile und markiert dort $\frac{3}{4}$ m. Jason trägt direkt 3 m ab und viertelt die Strecke, sodass ein Viertel genau $\frac{3}{4}$ m entspricht.

Seite 38 | Aufgabe 22
a) Stammbruch: $\frac{1}{3}$
Menge der rationalen Zahlen: Alle angegebenen Brüche.
Scheinbruch: $\frac{6}{2}; -\frac{27}{9}$
Menge der natürlichen Zahlen: $\frac{6}{2}$
Unechter Bruch: $\frac{6}{2}; \frac{45}{6}; \frac{147}{9}; \frac{888}{88}; -\frac{27}{9}$
b) $\frac{6}{2} = 3; \frac{45}{6} = 7\frac{1}{2}; \frac{147}{9} = 16\frac{1}{3}; \frac{888}{88} = 10\frac{1}{11}; -\frac{27}{9} = -3$
c) Einige Schubladen sind Teilmengen der anderen Schubladen. Sobald ein Bruch beispielsweise der Menge der natürlichen Zahlen angehört, handelt es sich zwangsläufig auch um einen Scheinbruch.

Seite 38 | Aufgabe 23
Die Aufgabe war nicht eindeutig zu lösen, weil die Schrittweite nicht angegeben ist. Der einzige Bezugspunkt ist die 0.
Mit der Schrittweite von $\frac{1}{3}$ stimmt Lenis Ergebnis. Mit der Schrittweite von $\frac{1}{4}$ würde Niklas' Ergebnis bis auf den letzten Eintrag stimmen, dieser müsste $\frac{7}{4}$ lauten und nicht 2.
Mit der Schrittweite von $\frac{2}{5}$ stimmt Mesuts Ergebnis.

Seite 38 | Aufgabe 24

a) $\frac{7}{10} h = \frac{7}{10} \cdot 60 \text{ min} = 42 \text{ min}$

b) $4\frac{3}{4} m = 4 \text{ m} + \frac{3}{4}$ von $1 \text{ m} = 4000 \text{ mm} + 750 \text{ mm} = 4750 \text{ mm}$

c) $3\frac{14}{35} dm^2 = 3 \text{ dm}^2 + \frac{14}{35}$ von $1 \text{ dm}^2 = 300 \text{ cm}^2 + 40 \text{ cm}^2 = 340 \text{ cm}^2$

d) $\frac{14}{16} g = \frac{14}{16} \cdot 1000 \text{ mg} = 875 \text{ mg}$

Seite 38 | Aufgabe 25

„Zwischen −3 und −7 liegen genau 3 ganze Zahlen.": Richtig, nämlich −4, −5 und −6

„Und zwischen $-\frac{3}{8}$ und $-\frac{7}{8}$ liegen genau drei Brüche!": Falsch, denn es müssen nicht alle Brüche den Nenner 8 haben. Deswegen:

„Nein, zwischen $-\frac{3}{8}$ und $-\frac{7}{8}$ liegen viel mehr Brüche": Richtig, ebenso ist:

„Zwischen 2 beliebigen Brüchen finde ich immer noch einen Bruch." richtig. Durch Erweitern auf einen größeren Nenner lassen sich beliebig viele weitere Brüche finden, die zwischen zwei gegebenen Brüchen liegen.

Seite 38 | Aufgabe 26

Marc und Tyler können beide Recht haben, je nachdem, was als Grundmenge angesehen wird. Soll ein Kreis, der gedrittelt ist, ein Ganzes darstellen, so beträgt der gefärbte Teil $\frac{4}{3}$.

Sind beide Kreise, also insgesamt 6 Teilstücke die Grundmenge, so beträgt der gefärbte Teil $\frac{4}{6}$.

Seite 38 | Aufgabe 27

a) $\frac{3}{6} = \frac{1}{2}$ b) $-\frac{25}{14}$ c) $\frac{7}{24}$ d) $-\frac{11}{24}$

Individuelle Zeichnungen.

2. Dezimalbrüche

2.1 Dezimale Schreibweise

Seite 43 | Einstieg

Die Rolle ist $\frac{7}{10}$ eines Meters breit. Ayse bezahlt pro SMS $\frac{9}{100}$ eines Euros. Die Nüsse wiegen $\frac{137}{1000}$ eines Kilogramms.

Seite 46 | Aufgabe 1

Z	E	z	h	t	zt	Dezimalbruch	Bruch
	4	4	2	1		4,421	$\frac{4421}{1000}$
1	0	5	2	2	7	10,5227	$\frac{105\,227}{10\,000}$
	0	4	2	1		0,421	$\frac{421}{1000}$
	3	0	3			3,03	$\frac{303}{100}$
	0	0	0	7	9	0,0079	$\frac{79}{10\,000}$

Seite 47 | Aufgabe 2

	H	Z	E	z	h	t	zt	Dezimalbruch	Bruch
a)	1	2	3	6	5			123,65	$\frac{12\,365}{100} = 123\frac{13}{20}$
b)			1	2	5			1,25	$\frac{125}{100} = 1\frac{1}{4}$
c)		2	0	5	0	0	8	205,008	$\frac{205\,008}{1000} = 205\frac{1}{125}$
d)			0	1	2	5		0,125	$\frac{125}{1000} = \frac{1}{8}$
e)			0	0	0	1	0	0,0010	$\frac{1}{1000}$
f)			0	0	9			0,09	$\frac{9}{100}$
g)			1	0	8	7		1,087	$\frac{1087}{1000}$
h)			0	0	6	2	5	0,0625	$\frac{625}{10\,000} = \frac{1}{16}$

Seite 47 | Aufgabe 3

	Z	E	z	h	t	zt	ht	Dezimalbruch	Bruch
a)		0	8					0,8	$\frac{8}{10}$
		0	8	0				0,8	$\frac{80}{100}$
		0	0	0	8			0,008	$\frac{8}{1000}$
		0	3	5				0,35	$\frac{35}{100}$
		0	0	4	6			0,046	$\frac{46}{1000}$
b)		2	3	9				2,39	$2\frac{39}{100}$
		6	0	6	7			6,067	$6\frac{67}{1000}$
		6	7					6,7	$\frac{67}{10}$
		8	0	0	6	0	9	8,00609	$8\frac{609}{100\,000}$
	5	6	0	5	6			56,056	$56\frac{56}{1000}$

Seite 47 | Aufgabe 4

a) $0,4 = \frac{4}{10}$: Die Zahl hat 4 Zehntel, 0 Hundertstel und 0 Zehntausendstel.

$0,05 = \frac{5}{100}$: Die Zahl hat 0 Zehntel, 5 Hundertstel und 0 Zehntausendstel.

$0,45 = \frac{45}{100}$: Die Zahl hat 4 Zehntel, 5 Hundertstel und 0 Zehntausendstel.

b) $0,7 = \frac{7}{10} = 0,70 = \frac{70}{100} = 0,700 = \frac{700}{1000}$: Die Zahl hat 7 Zehntel, 0 Hundertstel und 0 Zehntausendstel.

c) $0,642 = \frac{642}{1000}$: Die Zahl hat 6 Zehntel, 4 Hundertstel, 2 Tausendstel und 0 Zehntausendstel.

$0,0642 = \frac{642}{10000}$: Die Zahl hat 0 Zehntel, 6 Hundertstel, 4 Tausendstel und 2 Zehntausendstel.

$5,7 = \frac{57}{10}$: Die Zahl hat 5 Einer, 7 Zehntel, 0 Hundertstel und 0 Zehntausendstel.

d) $3,00 = \frac{300}{100} = \frac{3}{1}$: Die Zahl hat 3 Einer, 0 Zehntel, 0 Hundertstel und 0 Zehntausendstel.

$5,082 = \frac{5082}{1000}$: Die Zahl hat 5 Einer, 0 Zehntel, 8 Hundertstel, 2 Tausendstel und 0 Zehntausendstel.

Lösungen Fokus Mathematik 6

$6{,}9704 = \frac{69\,704}{10\,000}$: Die Zahl hat 6 Einer, 9 Zehntel, 7 Hundertstel, 0 Tausendstel und 4 Zehntausendstel.

Seite 47 | Aufgabe 5
Moritz liegt falsch. Er vergleicht 5 Zehntel mit 50 Hundertsteln. Da 50 Hundertstel aber gerade 5 Zehntel sind, gilt $1{,}5 = 1{,}50$.

Seite 47 | Aufgabe 6
Notwendige Nullen sind unterstrichen, überflüssige Nullen sind durchgestrichen.
a) ~~0~~0<u>5</u> = 5 $\qquad$ $5{,}\underline{0}2 = \frac{502}{100} = \frac{251}{50}$ $\qquad$ $25{,}\underline{0}2$~~00~~ $= \frac{2502}{100} = \frac{1251}{50}$
b) $7\,\underline{000}\,086{,}\underline{0}68$~~0~~ $= \frac{7\,000\,086\,068}{1000} = \frac{1\,750\,021\,517}{250}$ $\qquad$ $7\underline{000}{,}\underline{000}7 = \frac{70\,000\,007}{10\,000}$ $\qquad$ ~~000~~$7{,}\underline{000}7$~~000~~ $= \frac{7007}{1000}$

Seite 47 | Aufgabe 7
$100 = 10^2$; $\frac{1}{100} = 10^{-2}$; $10 = 10^1$; $\frac{1}{100\,000} = 10^{-5}$; $\frac{1}{10} = 10^{-1}$; $1\,000\,000\,000\,000 = 10^{12}$; $\frac{1}{1\,000\,000\,000} = 10^{-9}$; $1 = 10^0$

Seite 47 | Aufgabe 8
Individuelle Lösungen, zum Beispiel:
„Dazu schaust du, bei welcher Stelle die Zahl endet, und die Nummer dieser Stelle ist dann der negative Exponent der Zehnerpotenz. So endet die Zahl 5,47 an der Hundertstelle, das ist die zweite Stelle nach dem Komma. Das bedeutet, dass die Zehnerpotenz den Exponenten –2 bekommt: $5{,}47 = 547 \cdot 10^{-2}$."

Seite 47 | Aufgabe 9
Der Zähler entspricht der ursprünglichen Zahl ohne Komma. Im Nenner steht die Stufenzahl mit so vielen Nullen, wie die Zahl Nachkommastellen hat.

Seite 47 | Aufgabe 10
$0{,}5 = 5 \cdot 10^{-1}$ $\qquad\qquad\qquad\qquad\qquad$ $0{,}007 = 7 \cdot 10^{-3}$
$0{,}643 = 643 \cdot 10^{-3}$ $\qquad\qquad\qquad\qquad$ $0{,}105 = 105 \cdot 10^{-3}$
$0{,}000\,000\,08 = 8 \cdot 10^{-8}$ $\qquad\qquad\quad$ $0{,}876\,543\,21 = 87\,654\,321 \cdot 10^{-8}$
$1{,}75 = 175 \cdot 10^{-2}$ $\qquad\qquad\qquad\qquad$ $10{,}999 = 10\,999 \cdot 10^{-3}$

Seite 47 | Aufgabe 11
Individuelle Lösungen. Beispiel:
Schreibe die Zahl vor der Zehnerpotenz in den Zähler und die Zehnerpotenz mit positivem Exponenten in den Nenner. Aus $2 \cdot 10^{-5}$ wird so: $\frac{2}{10^5} = \frac{2}{100\,000}$. Diesen Bruch kannst du dann noch kürzen: $\frac{2}{100\,000} = \frac{1}{50\,000}$.

Seite 47 | Aufgabe 12
Individuelle Lösungen.
Die Schreibweise mit Zehnerpotenzen stellt Zahlen einheitlicher da, so können sie sehr schnell miteinander verglichen werden. Außerdem ist sie für sehr große und sehr kleine Zahlen übersichtlicher.

Seite 48 | Aufgabe 13
$\frac{1}{10} = 1 \cdot 10^{-1} = 0{,}1$ $\qquad\qquad\qquad$ $\frac{2}{100} = \frac{1}{50} = 2 \cdot 20^{-2}$ $\qquad\qquad\qquad$ $\frac{1}{5} = \frac{2}{10} = 0{,}2 = 2 \cdot 10^{-1}$
$1 \cdot 10^{-7} = 0{,}000\,000\,1$ $\qquad\qquad\quad$ $1 \cdot 10^{-5} = 0{,}000\,01$ $\qquad\qquad\qquad$ $0{,}002 = 2 \cdot 10^{-3}$

Seite 48 | Aufgabe 14
a) $1 \cdot 10^{-3}$ kg = 0,001 kg = 1 g $\qquad\qquad\qquad$ g) $7 \cdot 10^{-3}$ m = 0,007 m = 7 mm
b) $1 \cdot 10^{5}$ mm = 100 000 mm = 100 m $\qquad\quad$ h) $15 \cdot 10^{-6}$ kg = 0,000 015 kg = 0,015 g = 15 mg
c) $15 \cdot 10^{-2}$ € = 0,15 € = 15 ct $\qquad\qquad\qquad$ i) $3 \cdot 10^{4}$ dm = 30 000 dm = 3000 m = 3 km
d) $2 \cdot 10^{3}$ kg = 2000 kg = 2 t $\qquad\qquad\qquad$ j) $8 \cdot 10^{-2}$ g = 0,080 g = 80 mg
e) $2 \cdot 10^{-3}$ t = 0,002 t = 2 kg $\qquad\qquad\qquad$ k) $4 \cdot 10^{1}$ cm = 40 cm = 4 dm
f) $5 \cdot 10^{3}$ ct = 5000 ct = 50 € $\qquad\qquad\qquad$ l) $6 \cdot 10^{-4}$ km = 0,000 6 km = 0,6 m = 6 dm

Seite 48 | Aufgabe 15
Durchmesser Käfer-Hafthärchen: 10 µm = $10 \cdot 10^{-6}$ m = $1 \cdot 10^{-5}$ m
Durchmesser Menschenhaar: $10 \cdot 10$ µm = $10 \cdot 10^{-5}$ m = $1 \cdot 10^{-4}$ m

Seite 48 | Aufgabe 16
a) 0,6; 1,1; 2,3; 2,7; 4,8; 6,8 $\qquad$ b) –2,6; –1,1; –0,7; 0,4; 2,6; 2,9 $\qquad$ c) –2,7; –0,5; –0,1; 0,1; 3,2; 4,2

Seite 48 | Aufgabe 17

	50-m-Lauf	Weitsprung
1.	Miriam (7,7 s)	Erik (3,15 m)
2.	Erik (7,9 s)	Miriam (3,10 m)
3.	Jana (8,0 s)	Philipp (3,03 m)
4.	Philipp (8,1 s)	Jana (2,99 m)
5.	Conny (8,5 s)	Conny (2,88 m)

Seite 48 | Aufgabe 18
Individuelle Lösungen. Beispiele:
a) 1,71; 1,72; 1,73; 1,74; 1,75
b) −9,391; −9,399; −9,3999; −9,39999; −9,401
c) −125,401; −125,404; −125,406; −125,408; −125,410
d) 1,581; 1,582; 1,583; 1,584; 1,585
e) −1,792; −1,795; −1,80; −1,804; −1,806
f) −0,7; −0,6; −0,5; 0; 0,005

Seite 48 | Aufgabe 19
a) $0,3 = \frac{3}{10}$
b) $0,2 > 0,12$
c) $8,403 < 8,43$
d) $7,5 = 7,500$
e) $\frac{5}{100} > 0,005$
f) $0,045 = \frac{45}{1000}$
g) $7,832 > 7,83$
h) $0,308 > \frac{38}{1000}$
i) $\frac{3}{4} > -0,75$
j) $0,01 = \frac{10}{1000}$
k) $3,5 > -4,75$
l) $0,53 > -0,43$

Seite 49 | Aufgabe 20
a) kleinster Wert: 3,088; größter Wert: 8,3
b) kleinster Wert: −7,6; größter Wert: −6,57
c) kleinster Wert: −1,11; größter Wert: 1,101
d) kleinster Wert: −2,40; größter Wert: 3,24

Seite 49 | Aufgabe 21
a)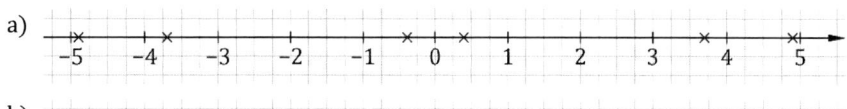

b)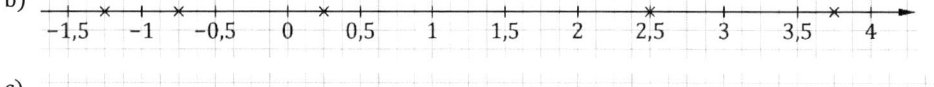

c)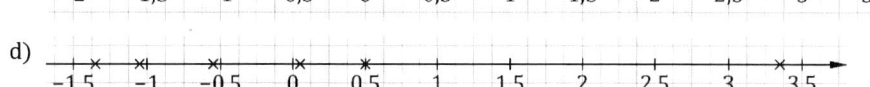

d)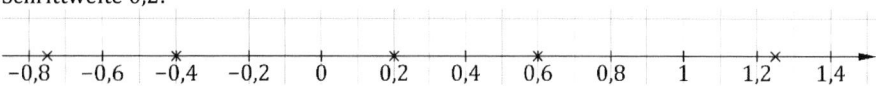

Seite 49 | Aufgabe 22
Schrittweite 0,2:

Seite 49 | Aufgabe 23
a) 3,4
b) −3,7
c) 2,5
d) −5,63
e) Individuelle Lösungen, Beispiele: 4,3 und 2,3 oder 3,4 und 3,2 oder 3,31 und 3,29

Seite 49 | Aufgabe 24
a) 0,2 kg
b) 0,7 kg
c) 1,2 kg
d) 1,6 kg
e) 1,9 kg
f) 2,2 kg
g) 2,35 kg
h) 2,65 kg

Seite 49 | Aufgabe 25
a) 4,5 (4,46; 4)
b) 0,9 (0,90; 1)
c) −0,8 (−0,79; −1)
d) 100,8 (100,80; 101)
e) −0,3 (−0,28; 0)
f) −1,0 (−1,00; −1)
g) 6,7 (6,67; 7)
h) 0,0 (0,01; 0)

Seite 49 | Aufgabe 26
a) 1,832: Tausendstel
b) 909,09 (Hundertstel)
c) −0,4 (Zehntel)
d) −0,10 (Hundertstel)

Seite 49 | Aufgabe 27
a) Nach der zweiten Nachkommastelle können noch weitere Ziffern kommen. 0,749 ist beispielsweise größer als 0,74, ergibt auf die erste Nachkommastelle gerundet jedoch auch 0,7.
b) Z. B. 0,745. Die kleinste Zahl, die gerundet 0,7 ergibt, ist 0,65.

Seite 49 | Aufgabe 28
a) 97,39 m = 973,9 dm ≈ 974 dm = 97,4 m
b) 7,5555 ha = 755,55 a ≈ 756 a = 7,56 ha
c) 1,2345 km = 1234,5 m ≈ 1235 m = 1,235 km
d) 13,999 dm = 1399,9 mm ≈ 1400 mm = 14,0 dm
e) 0,00567 t = 5,67 kg ≈ 6 kg = 0,006 t
f) 0,0987 m² = 9,87 dm² ≈ 10 dm² = 0,1 m²
g) 15,7 mm = 1,57 cm ≈ 2 cm = 20 mm
h) 0,025 kg = 25 g = 0,025 kg
i) 1,453 dm² = 145,3 cm² ≈ 145 cm² = 1,45 dm²

Seite 50 | Aufgabe 29
a) 1,69; 1,70; 1,71; 1,72
b) 9,91; 9,92; 9,93; 9,94; 9,95; 9,96; 9,97; 9,98
c) 3,49
d) −2,41; −2,40; −2,39
e) −0,12; −0,11; −0,10; −0,09
f) 0,00; 0,01

Seite 50 | Aufgabe 30
Sven liegt falsch, weil 2,10 = 2,1 kleiner als 2,9 ist. Die richtige Zahl nach der 2,9 wäre die 3,0.

Seite 50 | Aufgabe 31
Individuelle Lösungen. Brüche wären meistens nicht gleich gut geeignet, da sich Dezimalbrüche auf den ersten Blick besser miteinander vergleichen lassen.

Seite 50 | Aufgabe 32
Amrei hat sich für die Packungsgröße entschieden, die am nächsten am gewünschten Wert liegt. Karl hat sich für die nächstgrößere verfügbare Packungsgröße entschieden, um auf jeden Fall genug zu haben.

Seite 50 | Aufgabe 33
a) Wahr.
b) Falsch. Jede Stelle kann einen Wert zwischen 0 und 9 haben.
c) Falsch. Man kann z. B. 1,2 auch als 1,20 darstellen.
d) Falsch. Jede Stelle kann einen Wert zwischen 0 und 9 haben.
e) Falsch, denn $|-1,125| = 1,125 < 1,2$

Seite 50 | Aufgabe 34
Die Zahl ist negativ, wird also bei größeren Zahlenwerten kleiner, da sie sich auf der Zahlengeraden weiter nach links bewegt.

Seite 51 | Aufgabe 35
Alle Zahlen mit drei Dezimalstellen zwischen 2,349 und 2,250 ergeben gerundet 2,3.
Alle Zahlen mit drei Dezimalstellen zwischen 2,304 und 2,295 ergeben gerundet 2,30.
Die Zahlen sind gleich. Allerdings gibt die 2,30 beim Runden an, dass auf Hundertstel gerundet werden muss, während bei 2,3 nur auf Zehntel gerundet wird.

Seite 51 | Aufgabe 36
a) −0,012 347 899
b) −998 743 210,0
c) −998,7432100

Seite 51 | Aufgabe 37
a) Bei 7,77 € wird der Preis noch auf 7,75 € abgerundet, bei 7,78 € hätte sie 7,80 € zahlen müssen.
b) Frau Riss erhält 2,25 € zurück. Sie erhält maximal 45 Münzen, nämlich nur 5-ct-Münzen. Minimal erhält sie 3 Münzen, nämlich 2 €, 20 ct und 5 ct.
c) Frau Bayer erhält 2,23 € zurück. Da es in München noch 1-ct-Münzen gibt, kann sie maximal 223 1-ct-Münzen erhalten.
d) Diese Vorschrift hat keine Auswirkung auf das Restgeld, da Frau Riss und Frau Bayer laut Aufgabe keine Händler sind.

Seite 51 | Aufgabe 38
Da die Schrittweite auf der Zahlengeraden nicht vorgegeben ist, gibt es keine eindeutige Lösung.
Anna liegt bei einer Schrittweite von 0,1 richtig.
Pia geht von einer Schrittweite von 0,3 aus, allerdings hat sie die Punkte nicht richtig abgezählt; richtig wäre hier A = −3,0, B = −1,5 und C = 1,8.
Max liegt bei einer Schrittweite von 2 richtig.

Seite 51 | Aufgabe 39
a) Die Dezimalzahl hat $9 \cdot 1 + (99 − 9) \cdot 2 + (999 − 90 − 9) \cdot 3 + 1 \cdot 4 = 2893$ Nachkommastellen.
b) Die ersten 9 Stellen sind die Ziffern 1 bis 9. Die nächsten 90 Stellen bestehen aus den Zahlen 10 bis 54 (da in 90 Stellen gerade 45 zweistellige Zahlen passen). Die 100. Stelle ist damit die erste Ziffer der 55, also eine 5.
Insgesamt nehmen die zweistelligen Zahlen 180 Stellen ein. Also ist die 190. Stelle die erste Stelle, die zu einer dreistelligen Zahl gehört. Von der 190. bis zur 999. Stelle stehen die Zahlen 100 bis 370. Die 1000. Stelle ist also die erste Ziffer der 371, also eine 3.
c) Die Zahl ist zwar sehr lang, hat also viele Nachkommastellen, jedoch ist ihr Wert nicht riesengroß.

2.2 Brüche in Dezimalbrüche umwandeln

Seite 52 | Einstieg
$1\frac{1}{2}$ l Apfelmost entsprechen 1,5 l. $\frac{3}{8}$ kg Hackfleisch entsprechen $\frac{375}{1000}$ kg = 0,375 kg Hackfleisch. Herr Meier muss also die Packung Hackfleisch mit 0,375 kg Inhalt kaufen.

Seite 55 | Aufgabe 1
a) $\frac{17}{100} = 0,17$
b) $-34 \cdot 10^{-3} = -0,034$
c) $-4\frac{2}{5} = -4,4$
d) $\frac{3}{20} = 0,15$
e) $-4\frac{1}{8} = -4,125$
f) $1\frac{9}{25} = 1,36$
g) $\frac{64}{125} = 0,512$
h) $-\frac{51}{120} = -0,425$

Lösungswort: Nilpferd

Seite 55 | Aufgabe 2
Die Zahl im Nenner muss auf Potenzen von 10 erweiterbar sein. Das sind alle Zahlen, die aus Multiplikation von 2 und 5 entstehen können, sowie die 1: 1; 2; 4; 5; 8; 10; 16; 20; 25

Seite 55 | Aufgabe 3
Auf eine Stufenzahl erweitert werden kann nur: $\frac{1 \cdot 5}{20 \cdot 5} = \frac{5}{100}$. Die restlichen Nenner können nicht auf eine Stufenzahl gebracht werden. Allerdings kann man $\frac{6}{24}$ kürzen zu $\frac{1}{4}$, diesen Bruch kann man wiederum zu $\frac{25}{100}$ erweitern.

Lösungen Fokus Mathematik 6

Seite 55 | Aufgabe 4

$\frac{9}{24} = \frac{3}{8} = 0{,}375$ $\frac{21}{140} = \frac{3}{20} = 0{,}15$ $\frac{222}{888} = \frac{1}{4} = 0{,}25$

$\frac{9}{99} = \frac{1}{11}$: ergibt keine endliche Dezimalzahl

$\frac{51}{75} = \frac{17}{25} = 0{,}68$ $\frac{13}{26} = \frac{1}{2} = 0{,}5$ $\frac{74}{200} = \frac{37}{100} = 0{,}37$

$\frac{50}{60} = \frac{5}{6}$; ergibt keine endliche Dezimalzahl $\frac{333}{600} = \frac{111}{200} = 0{,}555$

Seite 55 | Aufgabe 5

Das stimmt nicht. 15 ist beispielsweise durch 5 teilbar, kann jedoch nicht zu einer Stufenzahl erweitert werden.

Seite 56 | Aufgabe 6

a) $-\frac{9}{5} = -1{,}8$ d) $\frac{11}{20} = 0{,}55$ g) $\frac{1011}{200} = 5{,}055$ j) $-\frac{3}{128} = -0{,}023\,437\,5$

b) $\frac{18}{45} = 0{,}4$ e) $\frac{6}{18} = 0{,}\overline{3}$ h) $-\frac{5}{12} = -0{,}41\overline{6}$ k) $\frac{13}{15} = 0{,}8\overline{6}$

c) $-\frac{5}{9} = -0{,}\overline{5}$ f) $\frac{7}{16} = 0{,}4375$ i) $\frac{5}{99} = 0{,}\overline{05}$ l) $\frac{8}{11} = 0{,}\overline{72}$

Lösungswort: Dezimalbruch

Seite 56 | Aufgabe 7

a) $\frac{16}{20} = 0{,}8$ c) $-\frac{48}{80} = -0{,}6$ e) $\frac{19}{32} = 0{,}59375$ g) $\frac{31}{64} = 0{,}484\,375$

b) $\frac{24}{200} = 0{,}12$ d) $\frac{45}{150} = 0{,}3$ f) $\frac{192}{6400} = 0{,}03$ h) $\frac{256}{160} = 1{,}6$

Seite 56 | Aufgabe 8

a) $0{,}\overline{1}; 0{,}\overline{4}; 0{,}\overline{7}$ $0{,}\overline{01}; 0{,}\overline{07}; 0{,}\overline{31}$ $0{,}\overline{001}; 0{,}\overline{044}; 0{,}\overline{127}$

b) Der Zähler eines solchen (echten) Bruchs ist die Periode.

c) Analog zu $\frac{31}{99} = 0{,}\overline{31}$ gilt dann $0{,}\overline{74} = \frac{74}{99}$.

Seite 56 | Aufgabe 9

a) Emily hat nur die erste Stelle hinter dem Komma berechnet, richtig ist: $\frac{1}{3} = 0{,}\overline{3}$

b) Emily hat Zähler und Nenner verwechselt, richtig ist: $-\frac{10}{15} = 0{,}\overline{6}$

c) Emily hat mit dem Nenner 100 statt 200 gerechnet, richtig ist: $1\frac{21}{200} = 1{,}105$

d) Emily hat das Minuszeichen vergessen, richtig ist $-5\frac{3}{4} = -5{,}75$

Seite 56 | Aufgabe 10

$0{,}75 = \frac{3}{4} = \frac{6}{8} = \frac{12}{16}$, daher gilt:

Kleiner als 0,75: $\frac{11}{16}$ Größer als 0,75: $\frac{7}{9} = 0{,}\overline{7} > 0{,}75; \frac{7}{8}; \frac{8}{7} > 1$ Gleich 0,75: $\frac{3}{4}$

Seite 56 | Aufgabe 11

Durch Sharis Überlegungen lassen sich die Zahlen zunächst grob, dann immer feiner sortieren.

Es gilt: $-1{,}\overline{2} < -1{,}2 < -\frac{12}{11} < -\frac{11}{12} < \frac{11}{12} < \frac{12}{11} < 1{,}2 < 1{,}\overline{2}$

Seite 56 | Aufgabe 12

a) $0{,}25 < \frac{66}{100} < \frac{2}{3} < \frac{4}{5} < 0{,}85$ c) $-\frac{7}{2} < -0{,}8 < 1{,}25 < 3{,}777 < 3{,}\overline{7} < 3\frac{4}{5}$

b) $-\frac{7}{9} < -\frac{7}{10} < \frac{1}{8} < 0{,}2 < \frac{7}{20} < 0{,}38$ d) $-12\frac{1}{4} < -12\frac{1}{9} < -12\frac{1}{10} < -\frac{122}{12} < 3\frac{5}{8} < 12{,}\overline{1}$

Seite 57 | Aufgabe 13

Bruch	$\frac{3}{4}$	$\frac{3}{8}$	$\frac{5}{8}$	$\frac{1}{3}$	$\frac{2}{3}$	$\frac{2}{5}$	$\frac{3}{5}$	$\frac{2}{9}$	$\frac{5}{9}$
Dezimalbruch	0,75	0,375	0,625	$0{,}\overline{3}$	$0{,}\overline{6}$	0,4	0,6	$0{,}\overline{2}$	$0{,}\overline{5}$
Prozent	75 %	37,5 %	62,5 %	$33{,}\overline{3}$ %	$66{,}\overline{6}$ %	40 %	60 %	$22{,}\overline{2}$ %	$55{,}\overline{5}$ %

Seite 57 | Aufgabe 14

a) $-\frac{1}{5} = -0{,}2 = -20\,\%$ e) $-1{,}08 = -108\,\% = -\frac{27}{25}$

b) $-0{,}07 = -7\,\% = -\frac{7}{100}$ f) $\frac{36}{2000} = \frac{9}{500} = 0{,}018 = 1{,}8\,\%$

c) $8\,\% = 0{,}08 = \frac{2}{25}$ g) $23{,}6\,\% = 0{,}236 = \frac{59}{250}$

d) $\frac{3}{120} = \frac{1}{40} = 0{,}025 = 2{,}5\,\%$ h) $0{,}255 = 25{,}5\,\% = \frac{51}{200}$

Seite 57 | Aufgabe 15

a) $1{,}5 = \frac{3}{2} = 1\frac{1}{2} = 1{,}50$ b) $\frac{3}{4} = 0{,}75 = 75\,\% = \frac{9}{12}$ c) $1\frac{5}{9} = 1{,}\overline{5} = \frac{14}{9}$

Seite 57 | Aufgabe 16

a) Finde einen Zähler, der endlich durch 176 geteilt werden kann, z. B. $\frac{176}{176} = 1$

b) Finde einen Zähler, der nicht endlich durch 176 geteilt werden kann, z. B. $\frac{1}{176} = 0,005\overline{681}$

Seite 57 | Aufgabe 17
Der Nenner des vollständig gekürzten Bruchs darf keinen Primfaktor außer 2 und 5 enthalten. Der Bruch $\frac{62}{9}$ ist vollständig gekürzt, aber $9 = 3 \cdot 3$ enthält den Primfaktor 3. Daher handelt es sich um einen periodischen Dezimalbruch.

Thema: Unendliche Dezimalbrüche

Seite 59 | Aufgabe 1
$\frac{3}{11} = 0,\overline{27}$ $\qquad$ $\frac{1}{27} = 0,\overline{037}$ $\qquad$ $\frac{28}{33} = 0,\overline{84}$ $\qquad$ $\frac{5}{37} = 0,\overline{135}$

$\frac{5}{6} = 0,8\overline{3}$ $\qquad$ $\frac{5}{24} = 0,208\overline{3}$ $\qquad$ $\frac{11}{30} = 0,3\overline{6}$ $\qquad$ $\frac{17}{45} = 0,3\overline{7}$

Seite 59 | Aufgabe 2
Endlicher Dezimalbruch; $\frac{16}{125}$; $\frac{5}{32}$; Nenner enthält nur die Primfaktoren 2 und/oder 5.

Gemischt periodischer Dezimalbruch; $\frac{16}{35}$; $\frac{11}{18}$; Nenner enthält Primfaktoren 2 und/oder 5 und andere Primfaktoren.

Rein periodischer Dezimalbruch; $\frac{25}{63}$; $\frac{28}{29}$; Nenner enthält weder den Primfaktor 2 noch 5.

Seite 59 | Aufgabe 3
Max multipliziert mit $100 \cdot \frac{1}{100}$, um die erste von 0 verschiedene Zahl vor das Komma zu holen. Danach zieht er die Periode auf den Bruch, um sie als Bruch darzustellen.

Seite 59 | Aufgabe 4
a) $0,\overline{72} = \frac{8}{11}$ $\qquad$ $0,\overline{84} = \frac{28}{33}$ $\qquad$ $1,\overline{042} = \frac{347}{333}$ $\qquad$ $1,\overline{9} = 2$

b) $0,5\overline{3} = \frac{8}{15}$ $\qquad$ $0,3\overline{5} = \frac{16}{45}$ $\qquad$ $0,3\overline{18} = \frac{7}{22}$ $\qquad$ $0,05\overline{75} = \frac{19}{330}$

Seite 60 | Aufgabe 18
Wenn Tom $\frac{3}{32}$ schriftlich berechnet, muss er diese Zahl nur mit 10 multiplizieren, dann hat er das Ergebnis von $\frac{30}{32}$. Wenn er dieses Ergebnis schließlich mit 2 multipliziert, kommt er auch auf das Ergebnis für $\frac{60}{32}$.

Seite 60 | Aufgabe 19
Individuelle Lösungen.
Beispiel: Welcher Anteil hat in der Klasse 6c eine 4 erreicht? Antwort: $\frac{9}{30} = \frac{3}{10} = 0,3 = 30\,\%$

Seite 60 | Aufgabe 20
a) Der Mann besteht zu $\frac{42}{70} = 0,6 = 60\,\%$ aus Wasser.

b) Täglich werden $\frac{1,5+0,4+0,6}{42} \approx 0,0595 = 5,95\,\%$ des Wassers ausgeschieden.

Seite 60 | Aufgabe 21
a) Falsch, Ryan war 0,05 Sekunden langsamer. $\qquad$ c) Falsch, Ryan war langsamer.
b) Das ist wahr. $\qquad$ d) Das ist wahr.

Seite 60 | Aufgabe 22
① 142 857 $\qquad$ ② $0,\overline{142857}$ $\qquad$ ③ $0,\overline{285714}$ $\qquad$ ④ $0,\overline{428571}$

Die Ziffern der Periode in den Dezimalbrüchen bleiben gleich, lediglich die Anfangsziffer ist unterschiedlich.

Seite 60 | Aufgabe 23
Die Tabellenkalkulation hat den Wert auf 4 Stellen nach dem Komma gerundet. Ohne Rundung gilt: $\frac{2}{3} = 0,\overline{6}$.

Seite 60 | Aufgabe 24
Rot: $\frac{12}{48} = 25\,\%$, das entspricht 25 a. $\qquad$ Gelb: $\frac{13}{48} = 27,08\overline{3}\,\%$, das entspricht $27,08\overline{3}$ a.

Grün: $\frac{3}{48} = 6,25\,\%$, das entspricht 6,25 a. $\qquad$ Blau: $\frac{20}{48} = 41,\overline{6}$, das entspricht $41,\overline{6}$ a.

Seite 60 | Aufgabe 25
Es gilt: $0,\overline{9} = 1$. Denn es ist $0,\overline{9} = \frac{9}{9} = 1$.

Die Periode hat unendlich viele Stellen, der Unterschied zwischen $0,\overline{9}$ und 1 ist also unendlich klein. Damit sind die beiden Zahlen gleich. Leon hat also Recht.

Seite 60 | Aufgabe 26
a) $\frac{13}{99} = 0,\overline{13}$ $\qquad$ $\frac{704}{999} = 0,\overline{704}$ $\qquad$ $\frac{4567}{9999} = 0,\overline{4567}$

b) $0,\overline{28} = \frac{28}{99}$ $\qquad$ $0,\overline{05} = \frac{5}{99}$ $\qquad$ $0,\overline{5057} = \frac{5057}{9999}$ $\qquad$ $0,\overline{428571} = \frac{428\,571}{999\,999}$

c) $0,58\overline{3} = \frac{7}{12}$

Lösungen Fokus Mathematik 6

3. Addition und Subtraktion rationaler Zahlen

3.1 Rechenregeln bei Dezimalbrüchen

Seite 66 | Einstieg
Es wurden die Preise der einzelnen Produkte addiert, um die zu zahlende Summe zu berechnen. Dann wurden von dieser Summe die gegebenen zehn Euro subtrahiert, diese Differenz ist das Rückgeld.

Seite 67 | Aufgabe 1
a) 0,5
b) 1,7
c) 0,6
d) 7,8
e) 0,2
f) 0,02
g) −5,44
h) −2,2
i) 0,21
j) −1,7
k) −1,21
l) 11,08

Seite 67 | Aufgabe 2
a) 15,99
b) 30,15
c) 96,6207
d) 28,85
e) 29,9345
f) 17,125
g) 110,9889
h) 4,52195

Seite 67 | Aufgabe 3
a) 4,874 + 1,13 = 6,004
b) 0,056 + 8,34 = 8,396
c) −105 + (−19,34) = −124,34
d) 3,141592 + (−2,7182) = 0,423392

Seite 67 | Aufgabe 4
a) 60,963 ≈ 60,96   b) 1,9007 ≈ 1,90   c) −8,2666 ≈ −8,27   d) 0,8329 ≈ 0,83   e) 0,145 ≈ 0,15   f) −3,9345 ≈ −3,93

Seite 67 | Aufgabe 5
Individuelle Überschlagsrechnungen. Pauls Einkäufe kosten zusammen 18,95 €. Er hat also noch 1,05 € übrig und kann sich davon eine Packung Kaugummi für 0,85 € kaufen.

Seite 68 | Aufgabe 6
a) Da zwei positive Zahlen addiert werden, kann die Summe nicht kleiner als ein Summand sein.
b) Nach dem Kommutativgesetz gilt: −0,46 + 0,65 = 0,65 − 0,46
   Der Minuend ist größer als der Subtrahend, also muss die Differenz positiv sein.
c) Es werden zwei negative Zahlen addiert. Die Summe kann also nicht größer als ein Summand sein.
d) Addiert man nur die Hundertstel, erhält man 10. Die Gesamtsumme muss also mit einer 0 enden.
e) Die Subtrahenden sind deutlich kleiner als die Differenz zwischen dem größten Summanden (55,3) und der angegebenen Gesamtsumme. Diese kann also nicht stimmen.
f) Es gilt: 1,383 − 1,2 − 0,333 = 1,383 − (1,2 + 0,333).
   Der Subtrahend ist größer als der Minuend. Die Summe muss also negativ sein.

Seite 68 | Aufgabe 7
Beispiellösungen:
a) 2,25 + 2,31 = 4,56
   1,03 + 3,53 = 4,56
   4,07 + 0,49 = 4,56
b) 1,06 + 3,3 + 0,2 = 4,56
   0,6 + 1,2 + 2,05 + 0,71 = 4,56
   2,9 + 0,32 + 1,34 = 4,56
c) 3,507 + 1,053 = 4,56
   4,008 + 0,552 = 4,56
   1,789 + 1,781 + 0,99 = 4,56
d) −1,04 + 5,6 = 4,56
   7,5 − 2,94 = 4,56
   4,67 − 0,11 = 4,56

Seite 68 | Aufgabe 8
a) Pia kann sich selbst wiegen, einmal ohne und einmal mit dem Gepäck. Die Differenz, die sie aus diesen zwei Massen erhält, entspricht der Masse ihres Gepäcks.
b) Angenommen, Pia wiegt 30 kg. Die Waage zeigt also ohne Koffer 30 kg und mit Koffer 38,4 kg an. Für die Masse des Gepäcks gilt: 38,4 kg − 30 kg = 8,4 kg
c) Sie könnte das Buch, das Kartenspiel und ihr Halstuch zu Hause lassen. Damit würde sie eine Masse von 0,425 kg sparen und ihr Gepäck würde 7,75 kg wiegen.
d) Die Sonnenbrille und das Halstuch wiegen zusammen unter 0,100 kg, das Kartenspiel und die Zeitschrift wiegen zusammen unter 0,300 kg. Also haben die vier Gegenstände zusammen eine Masse von weniger als 0,400 kg. Mit diesem Handgepäck dürfte Pia nicht fliegen.

Seite 68 | Aufgabe 9
a) Im letzten Rechenschritt wurde die Einheit dm² nicht in m² umgerechnet. Richtig ist: 34,4 m² − 1,245 m² = 33,155 m².
b) Im zweiten Rechenschritt wurde ein falsches Vorzeichen übertragen. Richtig ist: −52,3 − 86,3 = −138,6.
c) 0,7 wurde addiert und nicht subtrahiert. Richtig ist: 0,5 − 2,4 = −1,9.
d) Es wurde gerechnet 2,34 − 0,26. Richtig ist: 2,34 − 0,026 = 2,314.

Seite 68 | Aufgabe 10
8,25 − ((−18,66) + 8,2) = 18,71

Seite 68 | Aufgabe 11
a) (13,84 + 78,495) − (91,32 − 69,8) = 70,815
c) (1,576 − (0,037 + 0,43)) − (0,759 + 0,060) = 0,29

b) 3,784 + ((2,68 + 3,505) − 1,76) = 8,209 	d) (45,64 − 10,28) − (15:10) = 33,86

Seite 69 | Aufgabe 12
a) Individuelle Lösungen.
   Beispiel: Bruschette, Pizza Margherita, Gelato für 3,80 € + 7,50 € + 4,75 € = 16,05 €.
b) Mia liegt falsch. Beim Runden lässt sie 60 Cent weg (9,40 € und 3,20 € werden abgerundet), zählt beim Aufrunden der 2,75 € aber nur 25 Cent zu viel. Gerundet erhält sie so einen Gesamtpreis von 15 €, der genaue Preis liegt aber etwas darüber.
c) Individuelle Lösungen.
   Beispiel: Pizza Regina und Gelato kosten einzeln 12,95 €, man spart mit dem Menü also 12,95 € − 11,30 € = 1,65 €.
d) Individuelle Lösungen.

Seite 69 | Aufgabe 13
Til hat mit 171,2 statt 17,12 gerechnet. Richtiges Ergebnis: 107,22 g

Seite 69 | Aufgabe 14
a) 3,17 + 0,034 = 3,204
b) (94,73 + 64,312) − 70,154 = 88,888
c) 100 − 68,79 = 88,87 − (64,2 − 6,54)
d) 0,678 − 0,025 = −0,15 + 0,803

Seite 69 | Aufgabe 15
Kleinste Summe: 7,27 + 0,79 + 1,07 + 0,53 + 0,41 = 10,07
Größte Summe: 7,27 + 0,79 + 2,38 + 0,53 + 0,41 = 11,38
Kleinster Wert bei Subtraktion: 7,27 − 0,79 − 2,38 − 0,53 − 0,41 = 3,16
Größer Wert bei Subtraktion: 7,27 − 0,79 − 1,07 − 0,53 − 0,41 = 4,47

Seite 70 | Aufgabe 16
a) 7,51 cm 	b) 102,37 dm² 	c) 298,707 a 	d) 76053,85 g

Seite 70 | Aufgabe 17
−0,008 + 0,4 > 0,04 + 0,008 > −0,04 − 1,27 > 0,04 − 2,71
Die ersten beiden Terme ergeben einen positiven, die beiden hinteren einen negativen Termwert. Die Beträge kann man abschätzen.

Seite 70 | Aufgabe 18
a) Ja, wenn man 4 Kiwis, 4 Grapefruits und von jeder anderen Sorte jeweils ein Produkt kauft, kostet das 22,60 €.
b) Zwei Beutel Äpfel und vier Körbe Pflaumen kosten 20,46 €. Mit dem Restgeld von 6,84 € kann man noch zwei Schalen Himbeeren kaufen.

Seite 70 | Aufgabe 19
Aus den angegebenen Zutaten erhält man 750 g Erdbeercreme. Wenn man 3 kg haben möchte, braucht man also viermal so viel von jeder Zutat. Das sind: 1,2 kg Erdbeeren, 200 g Puderzucker, 600 g Joghurt, 1 kg Mascarpone

Seite 70 | Aufgabe 20
Die von Dani angesprochene zusätzliche Angabe sind die 180°, von denen Emre die Werte der Winkel α und β abzieht. Die Winkel α, β und γ bilden zusammen einen gestreckten Winkel und ergeben somit 180°.

Seite 70 | Aufgabe 21
a) z. B. 987,41 + 6,30 = 993,71 	b) z. B. 63,71 + 98,04 = 161,75

Seite 71 | Aufgabe 22
12,304 − 8,509 = 3,795 	−4,089 + 7,992 = 3,903 	−2,785 − 2,809 = −5,594 	12,504 − 8,377 = 4,127
8,509 − 12,304 = −3,795 	−8,509 + 4,601 = −3,908 	−4,089 − 7,992 = −12,081

Seite 71 | Aufgabe 23
a) 3,89. Subtrahiere von der Summe aus 4,83 und 2,19 die Summe aus 2,2 und 0,93.
b) 5,147 	c) 0,766
d) 8,5623. Subtrahiere 7,66 von der Differenz von 8,4327 und 0,645 und subtrahiere dieses Ergebnis von 8,69.

Seite 71 | Aufgabe 24
Beispiele: 13,319 − 5,126 + 1,807 = 10 	6,51 + 3,49 = 10 	5,50 + 4,5 = 10

Seite 71 | Aufgabe 25
Ja, sie kann ein XS-Paket nehmen. Wenn sie die Pralinenschachtel nach unten packt, darauf die vier Kartenspiele und darauf wiederum das Buch legt, erhält sie einen Stapel mit einer Grundfläche von 21 × 21 cm und einer Höhe von 8,8 cm. Also gilt längste + kürzeste Seite = 21 cm + 8,8 cm = 29,8 cm, was kleiner als 32 cm ist.

Seite 71 | Aufgabe 26
Beispiele: 0,08 + 0,94 − 0,03 = 0,99; 1,04 + 0,03 − 0,03 = 1,04

Seite 71 | Aufgabe 27
Weg: Zuhause − Drogerie − Supermarkt − Apotheke − Metzger − Bäcker − Zuhause
Zeit: 2,25 min + 2,25 min + 2 min + 1,10 min + 3 min 20 s + 4 min 10 s = 15,1 min
Nur für den Weg braucht Sabine so etwas über eine Viertelstunde.

3.2 Rechenregeln bei Brüchen

Seite 72 | Einstieg
Der Kuchen passt noch auf das Blech. Auf ein Blech passen 12 Stück Kuchen, die Reste betragen insgesamt 11,5 Stück.

Seite 74 | Aufgabe 1

a) $\frac{3}{7} + \frac{2}{7} = \frac{5}{7}$

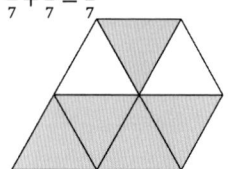

b) $\frac{6}{7} - \frac{2}{7} - \frac{3}{7} = \frac{1}{7}$

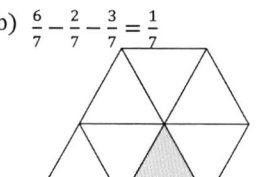

Seite 74 | Aufgabe 2

a) $\frac{3}{4}$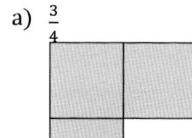

b) $\frac{4}{6} = \frac{2}{3}$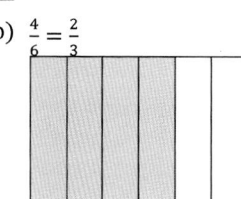

c) $\frac{7}{8}$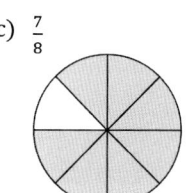

d) $\frac{10}{10} = 1$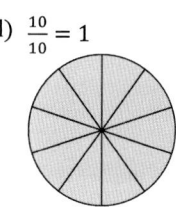

Seite 74 | Aufgabe 3

a) $\frac{1}{5} + \frac{2}{5} = \frac{3}{5}$

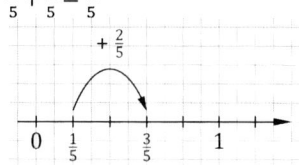

c) $\frac{7}{8} - \frac{4}{8} = \frac{3}{8}$

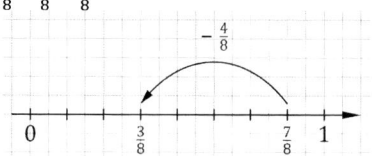

b) $\frac{5}{7} + \frac{1}{7} = \frac{6}{7}$

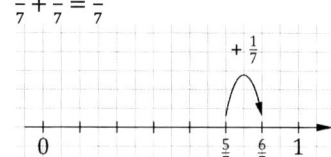

d) $\frac{5}{10} - \frac{3}{10} = \frac{2}{10} = \frac{1}{5}$

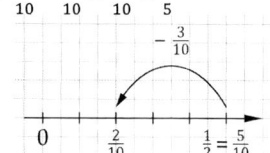

Seite 74 | Aufgabe 4

a) $\frac{8}{12} = \frac{2}{3}$
b) $\frac{1}{14}$
c) $\frac{-2}{9}$
d) $\frac{1}{6}$
e) $\frac{-13}{13} = -1$
f) $\frac{-7}{10}$
g) $-\frac{1}{14}$
h) $\frac{2}{8} = \frac{1}{4}$
i) $-\frac{8}{11}$
j) -1
k) $\frac{6}{5}$
l) $\frac{7}{17}$

Seite 75 | Aufgabe 5

Ganz links: 1   Mitte links: $\frac{3}{11}$ Mitte rechts: $\frac{10}{9}$ Ganz rechts: $\frac{2}{14} = \frac{1}{7}$

Seite 75 | Aufgabe 6

a) $1\frac{1}{8}$ b) $-\frac{4}{9}$ c) $1\frac{1}{4}$ d) $-1\frac{3}{5}$

Seite 75 | Aufgabe 7

a) $\frac{3}{8}$ b) $\frac{3}{8}$ c) $\frac{1}{4}$ d) $\frac{1}{6}$ e) $\frac{9}{8}$ f) $\frac{2}{3}$ g) $\frac{4}{15}$ h) $\frac{7}{10}$

Seite 75 | Aufgabe 8

a) $\frac{1}{2} + \frac{1}{6} = \frac{2}{3}$

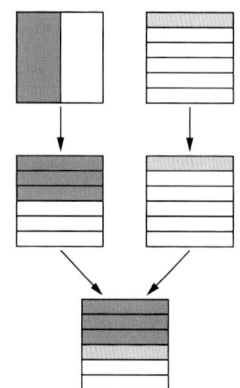

c) $\frac{2}{3} + \frac{1}{5} = \frac{13}{15}$

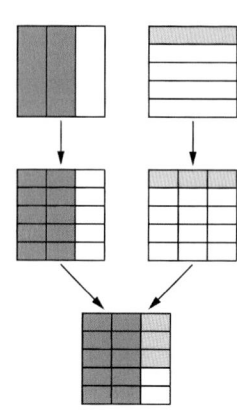

b) $\frac{3}{10} + \frac{3}{5} = \frac{9}{10}$

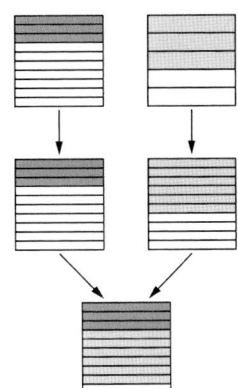

d) $1\frac{2}{3} + \frac{1}{4} = 1\frac{11}{12}$

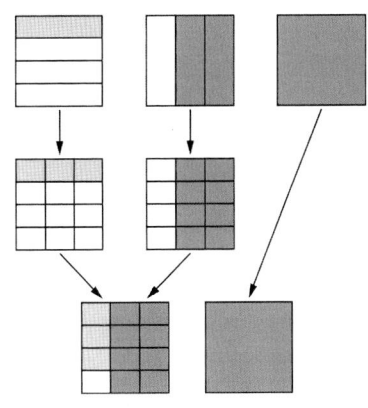

Seite 75 | Aufgabe 9
a) $\frac{1}{4}$ b) $\frac{3}{5}$ c) $-\frac{5}{24}$ d) $\frac{19}{20}$ e) $\frac{1}{4}$ f) $\frac{421}{210}$ g) $\frac{7}{18}$ h) $-\frac{71}{63}$

Seite 75 | Aufgabe 10
Karla zerlegt die Nenner in ihre Primfaktoren und erweitert die Brüche dann so, dass in beiden Nennern die gleichen Primfaktoren stehen. Kurt sucht den kleinsten gemeinsamen Nenner und erweitert die Brüche auf diese Weise.
(1) $\frac{53}{630}$ (2) $\frac{25}{24}$ (3) $\frac{137}{462}$ (4) $\frac{313}{780}$

Seite 75 | Aufgabe 11
a) Kevin hat auch die Nenner addiert. Richtig ist: $\frac{1}{2} + \frac{1}{4} = \frac{2+1}{4} = \frac{3}{4}$
b) Kevin hat die 5 falsch erweitert. Richtig ist: $5 - \frac{1}{7} = \frac{35}{7} - \frac{1}{7} = \frac{34}{7} = 4\frac{6}{7}$
c) Kevin hat das Vorzeichen vertauscht und im letzten Schritt falsch gekürzt. Richtig ist: $\frac{2}{3} - \frac{5}{6} = \frac{4}{6} - \frac{5}{6} = -\frac{1}{6}$
d) Kevin hat die Nenner statt der Zähler subtrahiert. Richtig ist: $\frac{3}{5} - \frac{6}{9} = \frac{9}{15} - \frac{10}{15} = -\frac{1}{15}$

Seite 76 | Aufgabe 12
a) 5 b) $\frac{11}{3}$ c) 0 d) $-\frac{4}{3}$

Seite 76 | Aufgabe 13
$\frac{5}{3} - \frac{11}{12} = \frac{3}{4}$; $\frac{3}{4} - \frac{1}{3} = \frac{5}{12}$; $\frac{5}{12} + \frac{13}{42} = \frac{61}{84}$; $\frac{61}{84} - \frac{5}{84} = \frac{2}{3} = \frac{38}{57}$; $\frac{2}{3} + \frac{57}{38} = 2\frac{1}{6}$; $2\frac{1}{6} - \frac{45}{22} = \frac{4}{33}$; $\frac{4}{33} + \frac{24}{132} = \frac{10}{33}$; $\frac{10}{33} + \frac{15}{11} = \frac{5}{3}$

Seite 76 | Aufgabe 14
$3\frac{1}{2} + 1\frac{1}{4} = 4\frac{3}{4}$.
Man kann zuerst alle ganzen Zahlen addieren und anschließend alle Bruchzahlen.

Seite 76 | Aufgabe 15
a) Methode A:
$1\frac{5}{6} + 1\frac{2}{3} = \frac{11}{6} + \frac{10}{6} = \frac{7}{2} = 3\frac{1}{2}$
$1\frac{3}{8} + 2\frac{1}{12} + \frac{5}{6} = \frac{11}{8} + \frac{25}{12} + \frac{5}{6} = \frac{103}{24}$
$-9\frac{1}{9} + 12\frac{1}{18} = -\frac{164}{18} + \frac{217}{18} = \frac{53}{18} = 2\frac{17}{18}$

$1\frac{2}{7} - 3\frac{1}{4} = \frac{36}{28} - \frac{91}{28} = -\frac{55}{28} = -1\frac{27}{28}$
$-5\frac{7}{10} - 7\frac{6}{11} = -\frac{627}{110} - \frac{830}{110} = -\frac{1457}{110} = -13\frac{27}{110}$
$-2\frac{1}{2} + 1\frac{4}{7} - 3\frac{1}{8} = -\frac{140}{56} + \frac{88}{56} - \frac{175}{56} = -\frac{227}{56} = -4\frac{3}{56}$

Methode B:
$1\frac{5}{6} + 1\frac{2}{3} = 1\frac{5}{6} + 1\frac{4}{6} = 2\frac{9}{6} = 3\frac{1}{2}$
$1\frac{3}{8} + 2\frac{1}{12} + \frac{5}{6} = 1\frac{9}{24} + 1\frac{2}{24} + \frac{5}{6} = 3\frac{31}{24} = 4\frac{7}{24}$
$-9\frac{1}{9} + 12\frac{1}{18} = -9\frac{2}{18} + 12\frac{1}{18} = 2\frac{17}{18}$

$1\frac{2}{7} - 3\frac{1}{4} = 1\frac{8}{28} - 3\frac{7}{28} = -1\frac{27}{28}$
$-5\frac{7}{10} - 7\frac{6}{11} = -5\frac{77}{110} - 7\frac{60}{110} = -12\frac{137}{110} = -13\frac{27}{110}$
$-2\frac{1}{2} + 1\frac{4}{7} - 3\frac{1}{8} = -2\frac{28}{56} + 1\frac{32}{56} - 3\frac{7}{56} = -4\frac{3}{56}$

b) Individuelle Lösungen.

Seite 76 | Aufgabe 16
Hier werden die ganzen Zahlen und die Bruchzahlen auseinandergezogen und jeweils einzeln zusammengerechnet.
Es gilt $-14\frac{1}{5} = -\left(14 + \frac{1}{5}\right) = -14 - \frac{1}{5}$; $9\frac{2}{5} = 9 + \frac{2}{5}$

Seite 76 | Aufgabe 17
Individuelle Lösungen.

Seite 76 | Aufgabe 18
a) $\left(\frac{3}{7} + \frac{1}{5}\right) + \frac{6}{10} = 1\frac{8}{35}$
b) $-\frac{1}{2} + \left(\frac{1}{4} - \frac{7}{8}\right) = -1\frac{1}{8}$
c) $\left(\frac{5}{9} + \frac{5}{7}\right) - \left(\frac{5}{8} + \frac{5}{6}\right) = -\frac{95}{504}$
d) $\frac{3}{8} - \left(\frac{1}{16} - \frac{5}{12}\right) = \frac{35}{48}$

Seite 76 | Aufgabe 19
Individuelle Lösungen
Beispiele:
$\frac{1}{3} + \frac{5}{8} + \frac{1}{24} = 1$
$\frac{5}{12} + \frac{1}{3} = \frac{3}{4}$
$\frac{1}{10} + \frac{1}{15} + \frac{1}{30} = \frac{1}{5}$

Lösungen Fokus Mathematik 6

Seite 77 | Aufgabe 20

a) Wie viel Liter Wasser muss Merle dazugeben? $\frac{3}{4} - \frac{3}{8} = \frac{3}{8}$

   Merle muss $\frac{3}{8}$ Liter Wasser dazugeben.

b) Hat Paulas Handy genug freien Speicherplatz für das Spiel? $1 - \left(\frac{1}{4} + \frac{1}{3} + \frac{1}{6} + \frac{3}{32}\right) = \frac{5}{32} > \frac{1}{12}$

   Paula hat genug freien Speicherplatz für das Spiel.

Seite 77 | Aufgabe 21

a)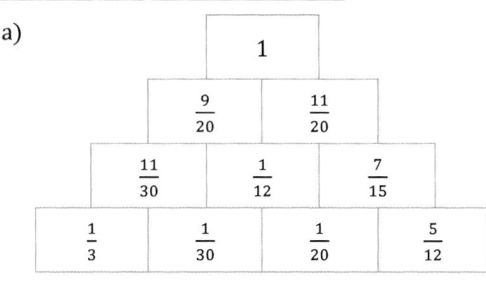

b)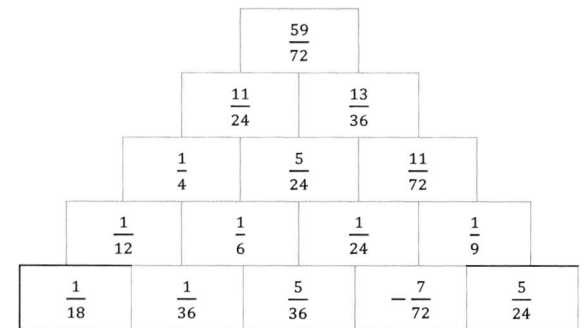

Seite 77 | Aufgabe 22

$\frac{3}{4} - \left(2 + \frac{7}{3}\right) < \frac{3}{4} - \left(2 + \frac{5}{3}\right) < \frac{3}{4} - \left(2 - \frac{5}{3}\right) < \frac{3}{4} + \left(2 - \frac{7}{3}\right) < \frac{3}{4} + \left(2 - \frac{5}{3}\right) = \frac{3}{4} - \left(2 - \frac{7}{3}\right) < \frac{3}{4} + \left(2 + \frac{5}{3}\right) < \frac{3}{4} + \left(2 + \frac{7}{3}\right)$

Seite 77 | Aufgabe 23

a) $\left(\frac{5}{7} + \frac{3}{8}\right) + \left(\frac{3}{4} - \frac{5}{21}\right) = \frac{269}{168}$

b) $\left(2 + \frac{13}{9}\right) - \left(2 - \frac{13}{9}\right) = \frac{26}{9}$

c) $\frac{7}{4} - \frac{3}{2} = \frac{1}{4}$

d) $\frac{81}{39} + \frac{2}{13} + \frac{5}{9} = 2\frac{92}{117}$

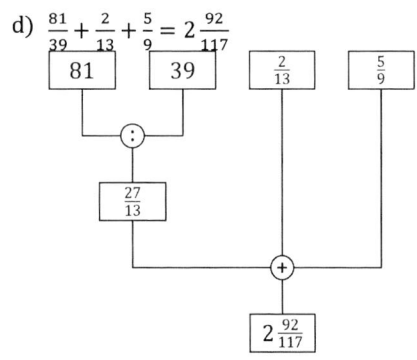

e) $-\frac{3}{5} + \left(3 - \frac{14}{15}\right) = \frac{22}{15}$

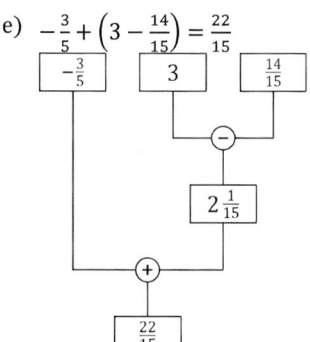

Seite 78 | Aufgabe 24

Das Rezept ergibt $\frac{1}{2} + \frac{1}{6} + \frac{1}{3} + \frac{1}{5} = \frac{6}{5}$ Liter Früchtecocktail. Die große Bowleschüssel fasst also dreimal so viel. Man braucht also von jeder Zutat das Dreifache, nämlich: $1\frac{1}{2}$ l Mineralwasser, $\frac{1}{2}$ l Himbeersirup, 1 l Orangensaft, $\frac{3}{5}$ l Maracujanektar

Seite 78 | Aufgabe 25

Wenn man in jedem Fach gleich viele Punkte erhalten kann, muss man im Durchschnitt in jedem Fach die Hälfte der Punkte erhalten. Man muss also die Anteile, die Leon erhält, addieren und durch 3 teilen:
$\frac{2}{3} + \frac{1}{4} + \frac{5}{8} = 1\frac{13}{24}$; $1\frac{13}{24} : 3 = \frac{37}{72} > \frac{1}{2}$

Leon erhält also etwas mehr als die Hälfte der Punkte und besteht den Test.

Seite 78 | Aufgabe 26

Morgens befinden sich im Tank 36 Liter Benzin, am Abend 27 Liter
Im Laufe des Tages wurden also 9 l Benzin verbraucht.

Seite 78 | Aufgabe 27

a) $\frac{22}{29} - \frac{5}{29} = \frac{17}{29}$

b) $\frac{2}{4} - \frac{3}{8} = \frac{1}{8}$

c) $\frac{1}{3} - \frac{6}{45} = \frac{1}{5}$

d) $\frac{7}{9} + \frac{5}{6} = \frac{29}{18}$

e) $\frac{7}{5} + \frac{3}{4} = \frac{43}{20}$

f) $1\frac{4}{9} - \frac{31}{36} = \frac{7}{12}$

g) $\frac{17}{12} + \frac{13}{6} = \frac{43}{12}$

h) $\frac{4}{2} - \frac{3}{10} = 1\frac{7}{10}$

Seite 78 | Aufgabe 28

a) Markus hat beim Erweitern der Brüche die Zähler nicht beachtet. Richtig ist: $1 - \left(\frac{3}{4} - \frac{2}{5}\right) = 1 - \left(\frac{15}{20} - \frac{8}{20}\right) = 1 - \frac{7}{20} = \frac{13}{20}$.

b) Markus hat im zweiten Schritt nur den Nenner der Summe in der Klammer erweitert und nicht den Zähler. Im dritten Schritt hat er beim Zusammenaddieren der Brüche die Vorzeichen nicht richtig beachtet. Richtig ist: $\ldots = 4 - \frac{15}{36} - \frac{70}{36} = 4 - \frac{85}{36} = 1\frac{23}{36}$.

c) Im zweiten Schritt hat Markus die Klammer um $4 + \frac{1}{7}$ vergessen. Richtig: $\ldots = -\left(4 + \frac{1}{7}\right) - \left(\frac{12}{14} - \frac{11}{14}\right) = -4 - \frac{1}{7} - \frac{1}{14} = -4\frac{3}{14}$.

Seite 78 | Aufgabe 29
Der Kuchen besteht aus 20 Stücken, wie man im Bild sieht (es fehlen die 6 Stücke, die sich Papa, Oma und Opa genommen haben). Davon bekommen die Geschwister 5 Stücke und 6 Stücke sind schon verteilt worden. Für Kurt bleiben also noch 9 Stücke übrig, das sind $\frac{9}{20}$ des Kuchens.

Seite 78 | Aufgabe 30
a) Antonia zieht von ihrem Bruch einen Bruch mit dem gleichen Zähler und einem um 1 erhöhten Nenner ab und rechnet das aus. Anschließend kürzt sie die Brüche, erhält so zwei Stammbrüche und stellt nach ihrem ursprünglichen Bruch um, sodass der Bruch als Summer zweier Stammbrüche dargestellt wird

b) $\frac{5}{9} = \frac{1}{2} + \frac{1}{18}$ $\qquad$ $\frac{2}{7} = \frac{1}{4} + \frac{1}{28}$ $\qquad$ $\frac{9}{16} = \frac{1}{2} + \frac{1}{16}$

In allen Fällen kann man den Bruch in die Summe zweier Stammbrüche zerlegen. Antonias Trick funktioniert allerdings nur bei den ersten beiden Brüchen.

c) Diese Brüche können nicht als Summe von Stammbrüchen dargestellt werden.

Seite 79 | Aufgabe 31
Es gilt $\frac{1}{2} + \frac{1}{4} + \frac{1}{6} = \frac{11}{12}$. Der Wüstenscheich hat also gar nicht 100 % seiner Kamele verteilt.
Geht man also von 12 Kamelen aus, so erhält der älteste Sohn 6 Kamele, der zweite 3 und der jüngste 2. Ein Kamel bleibt übrig. Da der weise Mann das fehlende Zwölftel beigesteuert hat, konnten die Kamele nun aufgeteilt werden.

Seite 79 | Aufgabe 32
a) $\frac{151}{60}$ $\qquad$ b) $\frac{89}{42}$ $\qquad$ c) $2\frac{5}{14}$ $\qquad$ d) $7\frac{8}{9}$ $\qquad$ e) $2\frac{3}{7}$ $\qquad$ f) $\frac{131}{216}$

Seite 79, Aufgabe 33
a)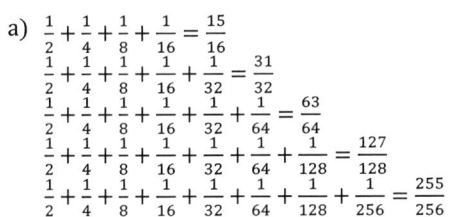

b)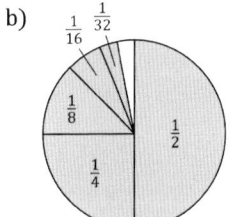

Es wird durch jeden Summanden die Hälfte des noch verbleibenden Kreissektors gefüllt. Zum vollen Ganzen fehlt also immer gerade Wert des letzten Summanden.

Seite 79 | Aufgabe 34
a) Das Feld ist in vier gleich große Unterfelder unterteilt.
Anteil rot: Etwa die Hälfte eines der Unterfelder, also $\frac{1}{8}$ oder 12,5 %
Anteil grün: Insgesamt etwa ein Unterfeld, also $\frac{1}{4}$ oder 25 %
Anteil gelb: Etwa ein Drittel eines Unterfeldes, also $\frac{1}{12}$ oder rund 8,33 %

b) $100\% - 12,5\% - 25\% - 8,33\% = 54,17\%$
Die anderen Farben nehmen rund 54,17 % der Fläche des Feldes ein.

c) Die Seitenlänge des markierten Felds ist etwa viermal so lang wie das Windrad, also etwa 400 m.
Flächeninhalt des gesamten Feldes: $400\text{ m} \cdot 400\text{ m} = 160\,000\text{ m}^2$
Flächeninhalt der roten Tulpen: $20\,000\text{ m}^2$

Seite 79 | Aufgabe 35
a) 3 $\qquad$ b) 2 $\qquad$ c) 2 $\qquad$ d) 7

Seite 79 | Aufgabe 36
$\frac{1}{2} - \frac{1}{3} = \frac{1}{6}$ $\qquad$ $\frac{1}{3} - \frac{1}{4} = \frac{1}{12}$ $\qquad$ $\frac{1}{4} - \frac{1}{5} = \frac{1}{20}$

Subtrahiert man von einem Stammbruch den nächstkleineren Stammbruch, so erhält man einen Stammbruch, der als Nenner das Produkt der Nenner von Subtrahend und Minuend hat.

3.3 Vorteilhaftes Rechnen

Seite 80 | Einstieg
Sami: $\frac{16}{40} - \frac{25}{40} + \frac{24}{40} - \frac{30}{40} = \frac{16-25+24-30}{40} = -\frac{15}{40} = -\frac{3}{8}$
Franz: $\frac{2}{5} + \frac{3}{5} + \left(-\frac{5}{8}\right) + \left(-\frac{3}{4}\right) = \frac{5}{5} + \left(\frac{-5-6}{8}\right) = 1 - \frac{11}{8} = -\frac{3}{8}$
Felicia: $0,4 - 0,625 + 0,6 - 0,75 = -0,375$

Seite 81 | Aufgabe 1
a) 0 $\qquad$ b) $2\frac{7}{30}$ $\qquad$ c) $-\frac{2}{3}$ $\qquad$ d) 0 $\qquad$ e) $-\frac{6}{5}$ $\qquad$ f) $\frac{7}{3}$

Seite 81 | Aufgabe 2
a) $0{,}51 - 5 = -4{,}49$
b) $(2{,}537 - 1{,}537) + (78{,}13 - 38{,}13) - 0{,}671 + 0{,}371 = 1 + 40 - 0{,}3 = 40{,}7$
c) $(4{,}8 - 1{,}8) - 0{,}11 + 1{,}91 = 3 + 1{,}8 = 4{,}8$

Seite 82 | Aufgabe 3
a) Im letzten Schritt wurden die Brüche nicht richtig subtrahiert, richtig ist: $54 - 17 + \frac{7}{22} - \frac{10}{22} = 37 - \frac{3}{22} = 36\frac{19}{22}$
b) Die gemischte Zahl wurde nicht richtig erweitert, richtig ist: $-\frac{8}{65} - 4\frac{10}{39} = -\frac{24}{195} - 4\frac{50}{195} = -4\frac{74}{195}$

Seite 82 | Aufgabe 4
a) $20\frac{1}{6}$ b) $15\frac{21}{22}$ c) $16\frac{5}{132}$ d) $\frac{2}{3}$ e) $2\frac{9}{10}$ f) $-18\frac{1}{20}$

Seite 82 | Aufgabe 5
a) "... subtrahiere ich 0,015."
b) (1) 4,68   (2) 16,923   (3) −0,81

Seite 82 | Aufgabe 6
a) $\frac{1}{5} + \frac{1}{3} + \frac{8}{9} = \frac{64}{45}$
b) $0{,}402 - 0{,}375 + 0{,}6 = 0{,}627$
c) $\frac{7}{9} - \frac{1}{2} + \frac{2}{9} = \frac{1}{2}$
d) $\frac{3}{2} = 1{,}5$
e) $0{,}4 + 1{,}7 - 0{,}625 = 1{,}475$
f) $\frac{7}{9} - \frac{3}{5} - \frac{1}{6} = \frac{1}{90}$

Lösungswort: School

Seite 82 | Aufgabe 7
a) Konstanze: $1\frac{2}{10} + \frac{3}{5} = 1 + \frac{2}{10} + \frac{6}{10} = 1\frac{8}{10} = 1\frac{4}{5}$ Karl: $1{,}2 + 0{,}6 = 1{,}8$ Karl hat Recht.
b) Individuelle Lösungen.

Seite 82 | Aufgabe 8
$6\frac{11}{9} - 3\frac{2}{3} - \frac{2}{3} = 7\frac{2}{9} - \frac{2}{3} - 3\frac{2}{3} = 2\frac{8}{9}$

$0{,}\overline{2} - \frac{85}{100} + 0{,}25 = \frac{2}{9} - \frac{17}{20} + \frac{1}{4} = -\frac{17}{45}$

$0{,}625 + 1{,}6 + 0{,}375 = \frac{5}{8} + \frac{3}{8} + 1\frac{3}{5} = 2{,}6$

$\frac{2}{3} - 1\frac{4}{5} + 8 = 0{,}\overline{6} + 8 - 1{,}8 = 6\frac{13}{15}$

Seite 82 | Aufgabe 9
a) $-4 < -3\frac{911}{1100} < -3$
b) $21 < 21\frac{13}{15} < 22$
c) $-1 < -\frac{19}{75} < 0$

Seite 83 | Aufgabe 10
a) $0{,}72 - 0{,}4 = 0{,}32$
b) $\frac{1}{7} + \frac{49}{100} = \frac{443}{700}$
c) $\frac{9}{12} - \frac{1}{20} - \frac{1}{5} = \frac{1}{2}$
d) $\frac{17}{32} - \frac{5}{8} + \frac{3}{16} = \frac{3}{32}$
e) $\frac{5}{12} + \frac{1}{3} - \frac{5}{4} = -\frac{1}{2}$
f) $-\frac{1}{4} + \frac{1}{6} + \frac{2}{3} - \frac{1}{12} + \frac{1}{2} = 1$

Seite 83 | Aufgabe 11
a) $3{,}278 - 1{,}625$ m $= 1{,}653$ m
b) $2{,}\overline{3}$ kg $+ 3{,}74$ kg $= 6{,}07\overline{3}$ kg $\approx 6{,}073$ kg
c) 45 min $+ 20$ min 30 sec $- 5$ min 50 sec $= 59$ min 40 s

Individuelle Aufgabenstellungen.

Seite 83 | Aufgabe 12
a)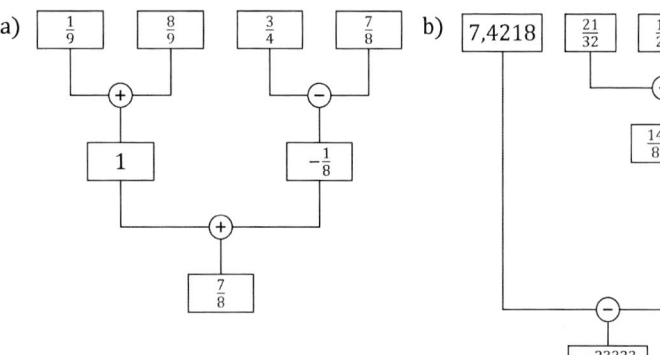
b)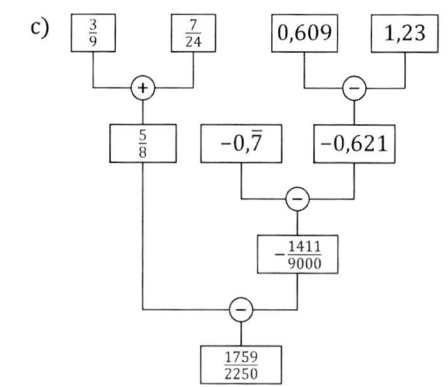
c)

Seite 83 | Aufgabe 13

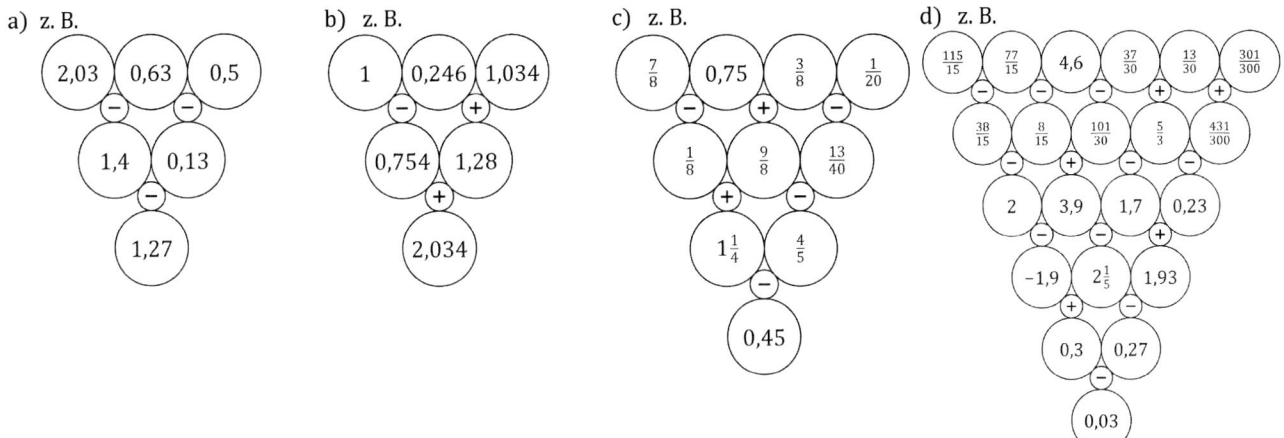

Seite 84 | Aufgabe 14
a) 5,147. Subtrahiere von der Differenz von 22,035 und 7,42 die Differenz von 67,9 und 58,432.
b) 5,194. Subtrahiere von der Differenz aus $90\frac{16}{25}$ und 75,839 die Summe aus $6\frac{2}{5}$ und 3,207.
c) 0,766. Subtrahiere von 1 die Differenz von 1 und der Differenz von 1 und 0,234.
d) 0,0998
e) 75,7878

Seite 84 | Aufgabe 15
a) $-71 - \frac{3}{12} + 93 + \frac{5}{12} = (-71 + 93) + \left(-\frac{3}{12} + \frac{5}{12}\right) = 22 + \frac{2}{12} = 22\frac{2}{12}$
b) Individuelle Lösungen.

Seite 84 | Aufgabe 16
Es gibt mehrere Lösungen. Eine mögliche Lösung mit der Zeilen- bzw. Spaltensumme 10:

$3\frac{1}{3}$	$\frac{9}{5}$	1	$\frac{58}{15}$
$3\frac{5}{8}$	$2\frac{2}{3}$	$3\frac{3}{8}$	$\frac{1}{3}$
$2\frac{2}{3}$	$4\frac{1}{5}$	$\frac{1}{3}$	$2\frac{4}{5}$
$\frac{3}{8}$	$\frac{4}{3}$	$\frac{127}{24}$	3

Seite 84 | Aufgabe 17
Es gibt zwei Möglichkeiten. Entweder man interpretiert eine Richtung als vorwärts-drehen und eine als rückwärts-drehen.
Dabei addiert man alle Umdrehungen der einen Richtung, zieht davon die Summe aller Umdrehungen in die andere Richtung ab:
$3\frac{1}{4} - 2\frac{3}{5} + \frac{5}{8} + \frac{4}{15} - \frac{5}{6} - 1\frac{3}{4} = -1\frac{1}{24}$
Der Suchende hat also in Summe etwas über eine Umdrehung nach links gemacht und steht fast wieder in Ausgangsposition.
Oder man addiert alle Umdrehungen, unabhängig von der Richtung:
$3\frac{1}{4} + 2\frac{3}{5} + \frac{5}{8} + \frac{4}{15} + \frac{5}{6} + 1\frac{3}{4} = 9\frac{13}{40}$
Der Suchende hat über 9 Umdrehungen gemacht.

Seite 84 | Aufgabe 18
a) 3,875
b) 5
c) 20
d) 5

Seite 84 | Aufgabe 19
$\frac{1}{20} - 1,09 - \frac{7}{25} + 1,319 + \frac{1001}{1000} = 1$

Seite 84, Aufgabe 20
a) minimal: $\left(1\frac{2}{3} - 4\frac{5}{6}\right) - 7\frac{8}{9} = -11\frac{1}{18}$; maximal: $1\frac{2}{3} - \left(4\frac{5}{6} - 7\frac{8}{9}\right) = 4\frac{13}{18}$
b) minimal: $-\left(3\frac{3}{13} + 5\frac{5}{26}\right) - 2 = -10\frac{11}{26}$ maximal: $-3\frac{3}{13} + \left(5\frac{5}{26} - 2\right) = -\frac{1}{26}$
c) minimal: $\left(1\frac{4}{9} - \frac{5}{27}\right) - 2\frac{2}{3} = -1\frac{11}{27}$ maximal: $1\frac{4}{9} - \left(\frac{5}{27} - 2\frac{2}{3}\right) = 3\frac{25}{27}$
d) minimal: $\left(-4\frac{4}{15} - \frac{5}{6}\right) - 2\frac{3}{10} = -7\frac{2}{5}$ maximal: $-\left(4\frac{4}{15} - \frac{5}{6} - 2\frac{3}{10}\right) = -1\frac{2}{15}$

4. Multiplikation und Division rationaler Zahlen

4.1 Multiplikation und Division von Brüchen

Seite 90 | Einstieg

1. Beispiel: Länge: $\frac{1}{4}$; Breite: $\frac{1}{2}$; Flächeninhalt: $\frac{1}{8}$
Vermutung: Zähler mal Zähler und Nenner mal Nenner
2. Beispiel: Länge: $\frac{3}{8}$; Breite: $\frac{1}{2}$; Flächeninhalt: $\frac{3}{16}$
Die Vermutung bestätigt sich hier.

Seite 93 | Aufgabe 1

a) $\frac{25}{56}$
b) $\frac{3}{1} \cdot \frac{1}{9} = \frac{1}{3}$
c) $-\frac{21}{40}$
d) $-\frac{3}{1} \cdot \frac{1}{7} = -\frac{3}{7}$

Seite 93 | Aufgabe 2

a) $\frac{2}{7}$
b) $-\frac{4}{8} = -\frac{1}{2}$
c) $\frac{1}{2} \cdot 4 = 2$
d) $\frac{1}{1} \cdot \frac{1}{1} = 1$
e) $\frac{1}{10} \cdot \frac{7}{1} = \frac{7}{10}$
f) 4
g) $-\frac{21}{8}$
h) $-\frac{36}{13}$
i) $\frac{108}{10} = \frac{54}{5}$
j) $\frac{1}{1} \cdot \frac{1}{1} \cdot \frac{1}{1} = 1$
k) $-\frac{30}{77}$
l) $-\frac{4}{1} \cdot \frac{1}{8} \cdot (-12) = 6$

Bei den Aufgaben c), d), e), f), j) und l) lassen sich schon vor dem Berechnen die Brüche miteinander kürzen, sodass man das Ergebnis schnell angeben kann.

Seite 93 | Aufgabe 3

Man multipliziert zwei Brüche, indem man Zähler mit Zähler und Nenner mit Nenner multipliziert. Den Flächeninhalt der gefärbten Flächen erhält man, indem man die Seitenlängen miteinander multipliziert oder den Anteil der gefärbten Kästchen an der Gesamtzahl der Kästchen bestimmt.

a) Das Quadrat hat $5 \cdot 5 = 25$ Kästchen, wovon $3 \cdot 3 = 9$ Kästchen eingefärbt sind. Der Flächeninhalt der eingefärbten Fläche beträgt demnach: $A = \frac{9}{25} m^2 = \frac{3}{5} m \cdot \frac{3}{5} m$.
b) Das Quadrat besteht aus $4 \cdot 5 = 20$ Kästchen. Davon sind $2 \cdot 4 = 8$ Kästchen eingefärbt. Der eingefärbte Flächeninhalt beträgt also: $A = \frac{8}{20} cm^2 = \frac{2}{4} cm \cdot \frac{4}{5} cm = \frac{2}{5} cm^2$.
c) Dieses Quadrat besteht aus $6 \cdot 10 = 60$ Kästchen, wovon $3 \cdot 4 = 12$ Kästchen gefärbt sind. Der Flächeninhalt der gefärbten Fläche beträgt also: $A = \frac{12}{60} m^2 = \frac{3}{6} m \cdot \frac{4}{10} m = \frac{1}{5} m^2$.
d) Das Quadrat besteht insgesamt aus $5 \cdot 8 = 40$ Kästchen, von denen $2 \cdot 6 = 12$ Kästchen eingefärbt sind. Das Quadrat hat einen Flächeninhalt von $100 cm^2$. Der Flächeninhalt der eingefärbten Fläche beträgt also:
$A = \frac{12}{40} \cdot 100 \ cm^2 = \frac{2}{5} \cdot 10 \ cm \cdot \frac{6}{8} \cdot 10 \ cm = 30 \ cm^2$.

Seite 93 | Aufgabe 4

Beim Erweitern eines Bruches werden Zähler und Nenner mit der gleichen Zahl multipliziert: $\frac{5}{7} = \frac{3 \cdot 5}{3 \cdot 7} = \frac{15}{21}$. Der Wert des Bruches ändert sich dabei nicht.
Bei der Multiplikation eines Bruches mit einer Zahl nur der Zähler mit der Zahl multipliziert, der Nenner bleibt gleich: $\frac{2}{3} \cdot 4 = \frac{2 \cdot 4}{3} = \frac{8}{3}$. Das Ergebnis hat einen anderen Wert als der ursprüngliche Bruch.

Seite 93 | Aufgabe 5

Kurt hätte schon vor seinem ersten Rechnungsschritt kürzen können, denn 130 und 26 sind beide durch 26 teilbar.
$26 \cdot \frac{7}{130} = 1 \cdot \frac{7}{5} = \frac{7}{5} = 1\frac{2}{5}$. So hätte er das Ergebnis schon direkt nach dem Kürzen erhalten.

Seite 93 | Aufgabe 6

a) $\frac{15}{7} \cdot \frac{7}{5} = 3$
b) $\frac{4}{7} \cdot \left(-\frac{17}{5}\right) = -\frac{68}{35}$
c) $\frac{5}{4} \cdot \frac{8}{9} = \frac{5}{1} \cdot \frac{2}{9} = \frac{10}{9}$
d) $-\frac{2}{1} \cdot \left(-\frac{9}{8}\right) = \frac{9}{4}$

Seite 93 | Aufgabe 7

a) Berechne das Produkt aus $\frac{9}{10}$ und $\frac{5}{4}$. $\quad \frac{9}{2} \cdot \frac{1}{4} = \frac{9}{8}$
b) Multipliziere $-\frac{9}{10}$ mit $\frac{5}{3}$. $\quad -\frac{9}{2} \cdot \frac{1}{3} = -\frac{3}{2}$
c) Multipliziere das Produkt aus $\frac{15}{28}$ und $\frac{42}{25}$ mit $\frac{5}{9}$. $\quad \frac{3}{4} \cdot \frac{6}{5} \cdot \frac{5}{9} = \frac{3}{2} \cdot \frac{3}{5} \cdot \frac{5}{9} = \frac{3}{2} \cdot 1 \cdot \frac{1}{3} = \frac{1}{2} \cdot 1 \cdot 1 = \frac{1}{2}$
d) $255 \cdot \frac{4}{15} = 17 \cdot 4 = 68$
e) $7 \cdot \frac{39}{42} = \frac{39}{6} = \frac{13}{2}$
d) $\left(\frac{14}{99} \cdot \left(-\frac{33}{10}\right)\right) \cdot \frac{45}{21} = \left(\frac{14}{3} \cdot \left(-\frac{1}{10}\right)\right) \cdot \frac{45}{21} = \left(\frac{7}{3} \cdot \left(-\frac{1}{5}\right)\right) \cdot \frac{45}{21} = -\frac{7}{15} \cdot \frac{45}{21} = -\frac{1}{1} \cdot \frac{3}{3} = -1 \cdot 1 = -1$

Seite 93 | Aufgabe 8

a) $\frac{2}{5} \cdot \left(-\frac{1}{3}\right) = -\frac{2}{15}$
b) $-\frac{2}{7} \cdot \left(-\frac{2}{3}\right) = \frac{4}{21}$
c) $\frac{39}{10} \cdot \left(-1\frac{2}{3}\right) = -\frac{13}{2}$
d) $-2\frac{1}{2} \cdot \frac{1}{5} = -\frac{1}{2}$

Seite 94 | Aufgabe 9

Mathias hat den Bruch $\frac{1}{4}$ erweitert und nicht mit 2 multipliziert. Für zwei Kuchen bräuchte er $2 \cdot \frac{1}{4} = \frac{2}{4} = \frac{1}{2}$ Liter Milch.

Seite 94 | Aufgabe 10

a) Das Ergebnis ist positiv, da alle vier Faktoren zu Beginn positiv sind.

```
                    1/490
              1/40        4/49
         7/40      1/7        4/7
     7/8      1/5      5/7       4/5
```

b) Das Ergebnis ist positiv, da genau zwei Faktoren zu Beginn negativ sind, die anderen beiden positiv. Wegen „minus mal minus ist plus" heben sich die negativen Vorzeichen auf.

```
                    1/490
              1/40        4/49
        -7/40     -1/7       -4/7
     7/8    -1/5      5/7      -4/5
```

c) Individuelle Lösungen, es muss eine ungerade Anzahl der Brüche in der untersten Reihe negativ sein, also entweder einer oder drei. Beispiel:

```
                   -1/490
               1/40       -4/49
         7/40      1/7       -4/7
     2/5      7/8      1/5      -5/7
```

Seite 94 | Aufgabe 11

a) $1 \cdot \frac{2}{3} = \frac{2}{3}$

b) $-11 \cdot 2 = -22$

c) $\frac{121}{4} \cdot \left(-\frac{1}{33}\right) = -\frac{11}{12}$

d) $-\frac{3}{13} \cdot \left(-\frac{5}{4}\right) = \frac{15}{52}$

e) $-3 \cdot \frac{15}{4} = -\frac{45}{4}$

f) $\frac{87}{3} = 29$

g) $-\frac{6}{5} \cdot \left(-\frac{3}{8}\right) \cdot \left(-\frac{1}{5}\right) = -\frac{9}{100}$

h) $-\frac{1}{15} \cdot \frac{35}{77} \cdot (-33) = 1$

Seite 94 | Aufgabe 12

a) Die Rechnung ist richtig, allerdings ist das Ergebnis noch nicht vollständig gekürzt. Man hätte auch vor dem Rechnen schon kürzen können.
Entweder: $\frac{2}{5} \cdot \frac{3}{4} = \frac{1}{5} \cdot \frac{3}{2} = \frac{3}{10}$ oder $\frac{2}{5} \cdot \frac{3}{4} = \frac{6}{20} = \frac{3}{10}$.

b) Annelie kürzt erst im zweiten Schritt. Hätte man vor der Berechnung gekürzt, wäre die Rechnung gar nicht mehr notwendig gewesen, da sich 3 und 7 in Zähler und Nenner jeweils kürzen lässt und man so schon $\frac{2}{5}$ erhält.

c) Das Ergebnis ist noch nicht vollständig gekürzt. Wenn man vor der Berechnung gekürzt hätte, hätte man gar nicht mehr rechnen müssen, da sich die beiden Dreien wegkürzen: $3 \cdot \frac{4}{3} = 4$.

d) Die Brüche sind nicht korrekt gekürzt, da Zähler mit Zähler und Nenner mit Nenner gekürzt wurden.
Richtig ist: $\frac{5}{3} \cdot \frac{10}{9} = \frac{50}{27}$.

Seite 94 | Aufgabe 13

a) 66 cm

b) 16 t

c) 1200 €

d) $\frac{3}{10}$ ha

e) $\frac{3}{8}$ kg

f) $\frac{3}{5}$ m²

g) $\frac{1}{12}$ h = 5 min

h) $\frac{7}{10}$ kg

Seite 94 | Aufgabe 14

a) $\frac{1}{3} \cdot 22 = \frac{22}{3} = 7,\overline{3}$: Das Gewitter ist noch etwa 7,3 km entfernt.

b) Die „Faustformel" ist nützlich, da man damit einfach im Kopf berechnen kann, wie weit das Gewitter ungefähr noch entfernt ist.

Seite 94 | Aufgabe 15
Zwei Drittel des Gartens bestehen aus Beeten, von denen wiederum ein Viertel mit Möhren bepflanzt ist: $\frac{1}{4} \cdot \frac{2}{3} = \frac{1}{2} \cdot \frac{1}{3} = \frac{1}{6}$

Seite 95 | Aufgabe 16
Wie viele Mädchen gaben Sport nicht als Hobby an?
Lösung: $\frac{2}{3} \cdot 90 = 60$ Mädchen wurden insgesamt befragt. $\frac{4}{5} \cdot 60 = 48$ Mädchen gaben Sport als Hobby an und $60 - 48 = 12$ bzw. $\frac{1}{5} \cdot 60 = 12$ gaben Sport nicht als Hobby an.

Seite 95 | Aufgabe 17
$\frac{1}{4} \cdot \frac{3}{8} = \frac{3}{32}$ aller Karten sind Kreuz-Bildkarten.

Seite 95 | Aufgabe 18
a) $\frac{8}{7}$ c) $-\frac{27}{20}$ e) $\frac{16}{35}$ g) $\frac{72}{91}$

b) $\frac{14}{15}$ d) $-\frac{9}{121}$ f) -1 h) 0

Seite 95 | Aufgabe 19
a) $\frac{1}{5}$ b) $-\frac{8}{27}$ c) $\frac{9}{2}$ d) $-\frac{35}{4}$

Seite 95 | Aufgabe 20
Doppelbrüche sind am einfachsten zu berechnen, wenn man den Bruch, der im Zähler des Doppelbruches steht, mit dem Kehrwert des Bruches, der im Nenner des Doppelbruches steht, multipliziert.

a) $\frac{\frac{1}{2}}{\frac{2}{3}} = \frac{1}{2} \cdot \frac{3}{1} = \frac{3}{2}$ $\frac{-\frac{21}{2}}{\frac{7}{8}} = -\frac{21}{2} \cdot \frac{8}{7} = -3 \cdot 4 = -12$ $\frac{-\frac{9}{10}}{\frac{10}{-9}} = -\frac{9}{10} \cdot \frac{9}{10} = \frac{81}{100}$

b) $-\frac{\frac{7}{12}}{\frac{-21}{3}} = -\frac{7}{12} \cdot \frac{3}{-21} = -\frac{1}{4} \cdot \frac{1}{-3} = \frac{1}{12}$ $\frac{\frac{5}{10}}{\frac{13}{}} = \frac{5}{1} \cdot \frac{13}{10} = 1 \cdot \frac{13}{2} = \frac{13}{2}$ $\frac{\frac{4}{-5}}{3} = \frac{4}{-5} \cdot \frac{1}{3} = -\frac{4}{15}$

Seite 95 | Aufgabe 21
Es wurden zwei Fehler gemacht. Bei der Kürzung wurde das Minuszeichen vor dem zweiten Bruch vergessen. Außerdem darf man bei der Division nicht kürzen, bevor man den Kehrwert gebildet hat. Die richtige Lösung ist: $-\frac{5}{6} \cdot \left(-\frac{3}{2}\right) = \frac{5}{4}$.

Seite 95 | Aufgabe 22
a) $7\,l : 0,2\,l = 35$: Man kann 35 Gläser füllen.
b) Individuelle Lösungen. Beispiel:
Klara hat 8 Liter Schokopudding gekocht, der auf 20 Personen aufgeteilt werden soll. Berechne, wie viel Pudding jede Person bekommt.

Seite 96 | Aufgabe 23
Individuelle Lösungen, Beispiel:
6 l Wasser sollen auf Schüsseln aufgeteilt werde, in die jeweils $\frac{3}{4}$ l passen. Wie viele Schüsseln braucht man dafür?
$6\,l : \frac{3}{4}\,l = 8$. Das heißt, dass man 8 Schüsseln mit einem Fassungsvermögen von $\frac{3}{4}\,l = 0{,}75\,l$ braucht, um die 6 l Wasser gleichmäßig auf die Schüsseln aufzuteilen. Man braucht also mehr Schüsseln, als man Liter Wasser hat, da in jede Schüssel weniger als ein Liter passt.

Seite 96 | Aufgabe 24
Wenn man $33 : \frac{1}{3}$ berechnet, erhält man 99. Zur Probe kann man $\frac{1}{3}$ von 99 berechnen: $99 \cdot \frac{1}{3} = 33$.

a) $\frac{4}{5}$ b) $\frac{5}{6}$ c) $\frac{5}{6}$ d) $\frac{49}{80}$

Seite 96 | Aufgabe 25
Der Regenwurm ist insgesamt 14 cm lang.

Seite 96 | Aufgabe 26
a) $\frac{1}{2} \cdot \frac{3}{8} = \frac{3}{16}$ b) $\frac{2}{3} \cdot \frac{3}{7} \cdot \frac{1}{2} = 1 \cdot \frac{1}{7} \cdot 1 = \frac{1}{7}$ c) $\frac{4}{5} \cdot \frac{5}{6} \cdot \frac{3}{4} = 1 \cdot \frac{1}{2} \cdot 1 = \frac{1}{2}$

Seite 96 | Aufgabe 27
a) $\frac{1}{2} \cdot \frac{2}{3} = \frac{1}{3}$ $\frac{1}{2} \cdot \frac{2}{3} \cdot \frac{3}{4} = \frac{1}{4}$

b) $\frac{1}{2} \cdot \frac{2}{3} \cdot \frac{3}{4} \cdot \frac{4}{5} = \frac{1}{5}$ $\frac{1}{2} \cdot \frac{2}{3} \cdot \frac{3}{4} \cdot \frac{4}{5} \cdot \frac{5}{6} = \frac{1}{6}$

Das Ergebnis entspricht immer dem Zähler des ersten Bruchs durch den Nenner des letzten Bruchs, da sich alle anderen Zähler und Nenner gegenseitig wegkürzen.

Seite 96 | Aufgabe 28
a) Bei der Berechnung wurden nur die Zähler miteinander multipliziert. Richtig: $\frac{2 \cdot 4}{9 \cdot 9} = \frac{8}{81}$.
b) Der Bruch wurde mit −6 erweitert statt multipliziert. Richtig: $-\frac{6}{1} \cdot \left(-\frac{3}{4}\right) = \frac{9}{2}$.

c) Es wurden die Kehrwerte beider Brüche gebildet, statt nur den Bruch in den Kehrwert umzuwandeln, durch den geteilt werden soll. Richtig: $\frac{2}{3} : \frac{13}{9} = \frac{2}{3} \cdot \frac{9}{13} = \frac{2}{1} \cdot \frac{3}{13} = \frac{6}{13}$.

d) Der Bruch $-1\frac{1}{6}$ wurde falsch gekürzt, er muss vorher in einen unechten Bruch umgewandelt werden. Richtig: $-\frac{7}{6} \cdot \frac{3}{4} = -\frac{7}{2} \cdot \frac{1}{4} = -\frac{7}{8}$.

e) Die 2 vor den Brüchen wurde jeweils als Faktor aufgefasst, sie ist aber ein Summand in der gemischten Zahl. Bildet man die jeweiligen unechten Brüche, so erhält man: $\frac{9}{4} \cdot \frac{20}{9} = \frac{20}{4} = 5$.

f) Es wurde vor dem Bilden des Kehrwertes gekürzt, was falsch ist. Richtig: $\frac{8}{9} : \frac{21}{4} = \frac{8}{9} \cdot \frac{4}{21} = \frac{32}{189}$.

Seite 96 | Aufgabe 29
Beispiele:
a) $\frac{1}{3} \cdot \frac{1}{4} = \frac{1}{12}$ b) $\frac{3}{2} \cdot \frac{4}{3} = 2$ c) $\frac{9}{2} \cdot \frac{1}{4} = \frac{9}{8}$

Seite 96 | Aufgabe 30
a) Falsch, z. B. ist $\frac{1}{1} : \frac{1}{2} = 2$. Die Behauptung gilt nur, wenn der Divisor größer als 1 ist.

b) Wahr. Wenn die Summe der beiden positiven Zahlen kleiner als 1 ist, heißt das, dass beide Zahlen kleiner als 1 sein müssen. Multipliziert man eine Zahl mit einer positiven Zahl, die kleiner als 1 ist, ist das Ergebnis kleiner als die ursprüngliche Zahl. Sind nun beide kleiner als 1, muss das Produkt nach den vorherigen Aussagen auch kleiner als 1 sein.

Seite 97 | Aufgabe 31
$600 \text{ kg} \cdot \frac{4}{5} = 480 \text{ kg}$ werden pro Tag gemahlen. $480 \text{ kg} \cdot \frac{1}{4} = 120 \text{ kg}$ davon sind entkoffeiniert.

Seite 97 | Aufgabe 32
a) $\frac{2}{3} \cdot \left(-\frac{21}{3}\right) = -\frac{42}{9}$ b) $\frac{54}{5} \cdot \frac{1}{3} = 3\frac{3}{5}$ c) $\frac{3}{15} : \frac{7}{6} = \frac{18}{105}$ d) $-\frac{8}{3} : (-12) = \frac{2}{9}$

Seite 97 | Aufgabe 33
Individuelle Lösungen, Beispiele:
a) $\frac{4}{15} \cdot \frac{1}{3}$; $\frac{3}{10} \cdot \frac{3}{8}$; $\frac{8}{15} \cdot \frac{2}{3}$ b) $0 : \frac{1}{3}$; $0 : \frac{5}{9}$; $0 : \frac{7}{10}$ c) $-\frac{7}{6} : \frac{5}{3}$; $\frac{63}{20} : \left(-\frac{9}{2}\right)$; $\frac{2}{5} : \left(-\frac{4}{7}\right)$ d) $5 : \frac{1}{4}$; $30 : \frac{3}{2}$; $\frac{160}{3} : \frac{8}{3}$

Seite 97 | Aufgabe 34
a) Anteil des Pazifiks an der Erdoberfläche: $\frac{7}{10} \cdot \frac{9}{20} = \frac{63}{200}$
Anteil des Festlands: $\frac{3}{10} = \frac{60}{200}$
Der Pazifik nimmt etwas mehr Erdoberfläche ein als das Festland.

b) Anteil der drei Ozeane an der Wasseroberfläche: $\frac{1}{5} + \frac{1}{4} + \frac{9}{20} = \frac{4+5+9}{20} = \frac{18}{20} = \frac{9}{10}$.
$\frac{1}{10}$ der Wasseroberfläche auf der Erde gehört nicht zu den drei Ozeanen.
Anteil dieser Wasserflächen an der Erdoberfläche: $\frac{7}{10} \cdot \frac{1}{10} = \frac{7}{100}$.

Seite 97 | Aufgabe 35
a) $10 : \frac{10}{3} = 3$ c) $\frac{1}{1} : \frac{5}{6} = \frac{6}{5}$ e) $\frac{1}{2} : \left(-\frac{3}{2}\right) = -\frac{1}{3}$ g) $\frac{3}{4} \cdot \left(-\frac{2}{5}\right) = -\frac{3}{10}$

b) $10 : \frac{40}{1} = \frac{1}{4}$ d) $\left(-\frac{25}{21}\right) \cdot \frac{3}{5} = -\frac{5}{7}$ f) $\frac{7}{40} \cdot \frac{8}{1} = \frac{7}{5}$ h) $\left(-\frac{12}{25}\right) \cdot \left(-\frac{5}{4}\right) = \frac{3}{5}$

Seite 97 | Aufgabe 36
a)

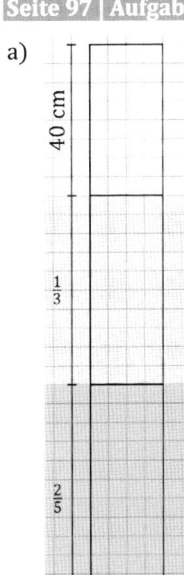

Insgesamt sind $\frac{1}{3}+\frac{2}{5}=\frac{5}{15}+\frac{6}{15}=\frac{11}{15}$ des Pfahls unter Wasser und in der Erde. Das heißt, dass $\frac{4}{15}$ des Pfahls sich oberhalb des Wassers befinden. $\frac{4}{15}$ entsprechen 40 cm und $\frac{1}{15}$ entsprechen damit 10 cm.
Der Pfahl ist also insgesamt 15 · 10 cm = 150 cm lang.

b) Der zweite Pfahl ist insgesamt 6,5 m hoch. $\frac{1}{5}$ von ihm steckt in der Erde, das sind 1,3 m, und weitere $\frac{2}{3}$ sind vom Wasser bedeckt, das sind $4\frac{1}{3}$ m. Damit ragen $\frac{2}{15}$ des Pfahls aus dem Wasser, das sind $\frac{13}{15}$ m.

Seite 97 | Aufgabe 37
a) Die Differenz (= Abstand) der beiden Brüche ist größer als das Produkt.
b) $\frac{1}{4}\cdot\frac{5}{8}<\frac{1}{4}+\frac{5}{8}<\frac{5}{8}:\frac{1}{4}$
c) Der Quotient von $\frac{1}{4}:\frac{5}{8}=\frac{2}{5}$ liegt näher an $\frac{1}{2}$ als die Differenz der Brüche. Der Quotient von $\frac{5}{8}:\frac{1}{4}$ liegt am weitesten von $\frac{1}{2}$ entfernt.

Seite 97 | Aufgabe 38
a) $\frac{3}{5}\cdot\frac{12}{7}:\frac{3\cdot 12}{5\cdot 7}=\frac{36}{35}:\frac{36}{35}=\frac{36}{35}\cdot\frac{35}{36}=1\cdot 1=1$
b) $\frac{1}{3}\cdot\frac{35}{15}\cdot\left(\frac{4}{7}\cdot\frac{20}{19}\right)=\frac{1}{3}\cdot\frac{7}{3}\cdot\left(\frac{4}{7}\cdot\frac{20}{19}\right)=\frac{7}{9}\cdot\frac{80}{133}=\frac{80}{171}$
c) $\frac{17\cdot 39}{24\cdot 12}:\left(\frac{34}{4}\cdot\frac{13}{24}\right)=\frac{221}{96}:\left(\frac{17}{4}\cdot\frac{13}{12}\right)=\frac{221}{96}:\frac{221}{48}=\frac{221}{96}\cdot\frac{48}{221}=\frac{1}{2}$
d) $\frac{9}{51}\cdot\frac{4}{3}:\left(\frac{6}{17}\cdot\frac{12}{11}\right)=\frac{3}{51}\cdot 4:\frac{72}{187}=\frac{4}{17}\cdot\frac{72}{187}=\frac{4}{17}\cdot\frac{187}{72}=\frac{1}{17}\cdot\frac{187}{18}=1\cdot\frac{11}{18}=\frac{11}{18}$

Projekt: School project – "Save the rain forest"

Seite 99 | Aufgabe 1
Rectangle = Rechteck; length = Länge; metres = Meter; multiply = multiplizieren; width = Breite; multiply by = mutliplizieren mit; divide = dividieren; number = Zahl

Seite 99 | Aufgabe 2
Area of a football field: 105 m · 68 m = 7140 m²
7140 m² = 0.714 ha
1 150 000 ha : 0.714 ha = 1 610 644.258
Over 1.6 million football fields of rainforest are lost every year.
$\frac{1\,610\,644.258}{365\cdot 24}=\frac{1\,610\,644.258}{8760}\approx 183.863$
Over 180 football fields of rainforest were lost every hour between 2003 and 2007.
1950: 743 000 km² · 0,95 = 705 850 km² of rainforest
2007: 705 850 km² : 2 = 352 925 km²
Over 350 000 km² of the original rainforest area is destroyed.
11 500 km² are lost every year: $\frac{352\,925\,\text{km}^2}{11\,500\,\text{km}^2}=\frac{14\,117}{460}=30,69$
About 30 years after 2007, i. e. circa 2037, the whole rainforest will be destroyed.

Seite 99 | Aufgabe 3
Individual solutions.

Seite 99 | Aufgabe 4
For 20 cookies, you need:
280 g flour: $\frac{280\,\text{g}}{1500\,\text{g}}\cdot 70\,\text{p}=13\frac{1}{15}\,\text{p}$
250 g butter: $\frac{250\,\text{g}}{500\,\text{g}}\cdot 100\,\text{p}=50\,\text{p}$
230 g sugar: $\frac{230\,\text{g}}{1000\,\text{g}}\cdot 69\,\text{p}=15,87\,\text{p}$
2 eggs: $\frac{2}{15}\cdot 125\,\text{p}=16\frac{2}{3}\,\text{p}$
$\frac{1}{2}$ teaspoon baking powder: $\frac{1,5\,\text{g}}{170\,\text{g}}\cdot 130\,\text{p}=1\frac{5}{34}\,\text{p}$
200 g chocolate: $\frac{200\,\text{g}}{100\,\text{g}}\cdot 30\,\text{p}=60\,\text{p}$
For 20 cookies you will need to spend $\approx 156,75\,\text{p}\approx 1,57$ Pounds.
For one cookies, this will be: $\frac{156,75\,\text{p}}{20}\approx 7,84\,\text{p}$
If you want to make 25 p per cookie, the price of one cookie should be 7,84 p + 25 p = 32,84 p ≈ 33 p.

4.2 Multiplikation und Division von Dezimalbrüchen

Seite 100 | Einstieg
2 kg Äpfel: 2 · 2,49 € = 4,98 €
0,5 kg Weintrauben: 0,5 · 4,29 € = 2,145 € ≈ 2,15 €
3 kg Kartoffeln: 3 · 0,79 € = 2,37 €
4,98 € + 2,15 € + 2,37 € = 9,50 €. Herr Franke kann mit dem 10-€-Schein bezahlen.

Lösungen Fokus Mathematik 6

Seite 102 | Aufgabe 1
a) 0,8
b) 4,8
c) 7500
d) 0,42
e) −10
f) −593
g) 0,006
h) 0,015
i) 0,0284
j) −0,0048
k) 0,0121
l) 1

Seite 103 | Aufgabe 2

·	0,1	0,2	−1,1	−30	0,005
0,1	0,01	0,02	−0,11	−3	0,0005
0,5	0,01	0,1	−0,55	−15	0,0025
−2,1	−0,21	−0,42	2,31	63	−0,0105

Seite 103 | Aufgabe 3
a) 17
b) 23,31
c) 6,66
d) 9
e) 7,872
f) 1,016
g) 0,765
h) 25,038
i) 0,404
j) 0,00035
k) 1,44
l) 0,0144

Lösungswort: Schneeflocke

Seite 103 | Aufgabe 4
$2,7 \cdot 14 = 37,8$ $304,2 \cdot 0,52 = 158,184$ $0,23 \cdot 45 = 10,35$
$42,2 \cdot 3,5 = 147,7$ $23,04 \cdot 1,7 = 39,168$ $4,02 \cdot 3,004 = 12,07608$

Seite 103 | Aufgabe 5
a) Die Lösung ist falsch, da die letzte Ziffer eine 3 sein müsste. Richtig: $3,7 \cdot 15,9 = 58,83$
b) Die Lösung ist falsch, da sie zwei Nachkommastellen haben müsste. Richtig: $9,8 \cdot 7,6 = 74,48$
c) Die Lösung ist falsch, da sie zwei Nachkommastellen haben müsste. Richtig: $2,3 \cdot 6,6 = 15,18$
d) Die Lösung ist richtig.
e) Die Lösung ist falsch, da das Komma um zwei Stellen verschoben werden muss: Richtig: $3,421 \cdot 100 = 342,1$
f) Die Lösung ist falsch, sie muss kleiner als 1 sein. Richtig: $1,08 \cdot 0,6 = 0,648$

Seite 103 | Aufgabe 6
$8,4 \cdot 6,25 = 52,5$
a) $8,4 \cdot 62,5 = 525$: Ursprüngliches Ergebnis mal 10.
b) $0,84 \cdot 62,5 = 52,5$: Da ein Faktor mit 10 malgenommen und der andere durch 10 geteilt wurde, bleibt das Ergebnis gleich.
c) $0,84 \cdot 0,625 = 0,525$: Beide Faktoren wurden durch 10 geteilt, das Ergebnis also durch 100.
d) $0,084 \cdot 0,0625 = 0,00525$: Beide Faktoren wurden durch 100 geteilt, das Ergebnis also durch 10 000.

Seite 103 | Aufgabe 7
Fläche des Bodens: $3,30 \text{ m} \cdot 4,37 \text{ m} + 1,67 \text{ m} \cdot 2 \text{ m} = 17,761 \text{ m}^2$
$17,761 \text{ m}^2 : 5 \text{ m}^2 \approx 3,55$ bzw. $17,761 \text{ m}^2 : 6 \text{ m}^2 \approx 2,96$
$3,55 \cdot 11,25 \text{ €} \approx 39,94 \text{ €}$; $2,96 \cdot 11,25 \text{ €} = 33,3 \text{ €}$.
Familie Henkel muss zwischen 33,3 € und 39,94 € für die Farbe bezahlen.
Dabei wurde vorausgesetzt, dass man die Farbe in beliebigen Mengen kaufen kann. Ist sie nur in Dosen mit z. B. 1 Liter Inhalt erhältlich, dann muss Familie Henkel entweder 3 Dosen zu 33,75 € oder 4 Dosen zu 45 € kaufen.

Seite 103 | Aufgabe 8
a) 0,3
b) 0,03
c) 0,209
d) 0,37
e) −0,8
f) −0,4
g) 0,9
h) 2,6
i) 0,7
j) −0,0223
k) 0,1
l) −0,001

Seite 104 | Aufgabe 9
a) 1,2
b) 2,1
c) 80,43
d) 44,7
e) 1,25
f) 0,425
g) 51,04
h) 70,07

Seite 104 | Aufgabe 10
a) = 1,32, also 1
b) = 2,35, also 2
c) = 3,5, also 4
d) = 8,69, also 9

Seite 104 | Aufgabe 11
$27 : 80 = 2,7 : 8$ $54,5 : 2,5 = 545 : 25$ $545 : 2,5 = 5450 : 25$
$270 : 8 = 27 : 0,8$ $2700 : 8 = 27 : 0,08$ $5,45 : 2,5 = 54,5 : 25$

Wenn Dividend und Divisor mit der gleichen Stufenzahl malgenommen werden, bleibt das Ergebnis gleich.

Seite 104 | Aufgabe 12
a) 80,7 (Stufenzahl 100)
b) 35,4 (Stufenzahl 10)
c) 200 (Stufenzahl 10)
d) 23,3 (Stufenzahl 10)
e) 63,75 (Stufenzahl 100)
f) 23,68375 (Stufenzahl 1)
g) 401,5975 (Stufenzahl 10)
h) 891,1 (Stufenzahl 1000)

Lösungswort: Sandburg

Seite 104 | Aufgabe 13
Blau: $8,16 \text{ cm}^2 : 4,8 \text{ cm} = 1,7 \text{ cm}$
Rot: $24,642 \text{ m}^2 : 55,5 \text{ dm} = 24,642 \text{ m}^2 : 5,55 \text{ m} = 4,44 \text{ m}$
Gelb: $157,55 \text{ km}^2 : 13,7 \text{ km} = 11,5 \text{ km}$

Seite 104 | Aufgabe 14
a) 2,7 m : 18 = 0,15 m
b) 2,7 m : 0,18 m = 15
Geschichten zur Aufgabe: Individuelle Lösungen

Seite 104 | Aufgabe 15
a) 3,78 € : 0,808 ≈ 4,68 €
Ein Kilo Trauben kostet 4,68 €
b) Die Division muss bis zur Tausenderstelle ausgeführt werden, damit man die Hunderterstelle runden kann.

Seite 104 | Aufgabe 16
0,5 · 0,18 = 0,09   0,125 · 0,64 = 0,08   0,47 · 0,3 = 0,141
0,97 · 0,89 = 0,8633 $0,3^2$ = 0,09 $4,5^2$ = 20,25

Seite 105 | Aufgabe 17
a) $1\frac{1}{6} = 1,1\overline{6}$
b) $\frac{1}{8} = 0,125$
c) $\frac{1}{15} = 0,0\overline{6}$
d) 0,3
e) $\frac{2}{3} = 0,\overline{6}$
f) 80
g) 20
h) $\frac{4}{5} = 0,8$

Seite 105 | Aufgabe 18
1. Packung: Inhalt: 4,56 € : 15,20 $\frac{€}{kg}$ ≈ 0,3 kg; neuer Preis: 0,3 kg · 13,69 $\frac{€}{kg}$ ≈ 4,11 €
2. Packung: Inhalt: 6,38 € : 15,20 $\frac{€}{kg}$ ≈ 0,42 kg; neuer Preis: 0,42 kg · 13,69 $\frac{€}{kg}$ ≈ 5,75 €
3. Packung: Inhalt: 5,32 € : 15,20 $\frac{€}{kg}$ ≈ 0,35 kg; neuer Preis: 0,35 kg · 13,69 $\frac{€}{kg}$ ≈ 4,79 €
4. Packung: Inhalt: 5,87 € : 15,20 $\frac{€}{kg}$ ≈ 0,39 kg; neuer Preis: 0,39 kg · 13,69 $\frac{€}{kg}$ ≈ 5,34 €

Seite 105 | Aufgabe 19
Miriams Ergebnis ist richtig. Jedoch hat ihr Sitznachbar auch Recht, denn wenn man 84 · 225 = 18 900 berechnet, gibt es hinter der 9 eigentlich noch zwei Nullen. Wenn man jetzt jedoch wieder das Komma richtig setzt, erhält man 18,900. Hier kann man die beiden Nullen weglassen, da sie den Wert nicht verändern.

Seite 105 | Aufgabe 20
a) Zum Vereinfachen multipliziert er die Dezimalzahl mit 10, so dass er eine ganze Zahl bekommt. So ist die Division leichter auszuführen. Damit er aber am Ende aber das richtige Ergebnis bekommt, muss er wieder durch 10 teilen und erhält 0,3.
b) 27 : 9 = 3 → 2,7 : 9 = 0,3
156 : 12 = 13 → 15,6 : 12 = 1,3
117 : 9 = 13 → 1,17 : 9 = 0,13
144 : 12 = 12 → 1,44 : 12 = 0,12
c) In diesem Fall muss man nicht wieder durch 10 teilen, wenn man zuvor 12 : 6 = 2 berechnet hat, da das Verhältnis der beiden Zahlen zueinander dabei gleichbleibt.

Seite 105 | Aufgabe 21
Preis der Trauben im Einkauf: 25 kg · 0,85 € = 21,25 €
Verkaufbare Menge: 21,5 kg
gewünschter Erlös mit 20 € Gewinn: 21,25 € + 20 € = 41,25 €
Preis pro Kilo Trauben im Verkauf: $\frac{41,24 €}{21,5 kg} = 1,92 \frac{€}{kg}$

Seite 106 | Aufgabe 22
Im Bild ist das Pantoffeltierchen etwa 5 cm lang und 2,5 cm breit. Seine wirklichen Maße sind damit:
Länge: $\frac{5 \text{ cm}}{500}$ = 0,01 cm = 0,1 mm; Breite: $\frac{2,5 \text{ cm}}{500}$ = 0,005 cm = 0,05 mm

Seite 106 | Aufgabe 23
Christiane hat nicht Recht, wie man an den beiden folgenden Gegenbeispielen sieht:
Gegenbeispiel für die Multiplikation: 10 · 0,5 = 5, in diesem Fall ist das Produkt (5) kleiner als einer der Faktoren (10).
Gegenbeispiel für die Division: $\frac{5}{0,5}$ = 10, in diesem Fall ist der Dividend kleiner als der Quotient.

Seite 106 | Aufgabe 24
a) 6 · 3,5 cm · 3,5 cm = 73,5 cm²
b) 2 · 6,2 cm · 4,8 cm + 2 · 6,2 cm · 3,5 cm + 2 · 4,8 cm · 3,5 cm = 136,52 cm²
c) Der Flächeninhalt eines Quadrats ist 6,25 cm², die Seitenlänge eines Quadrats beträgt 2,5 cm.

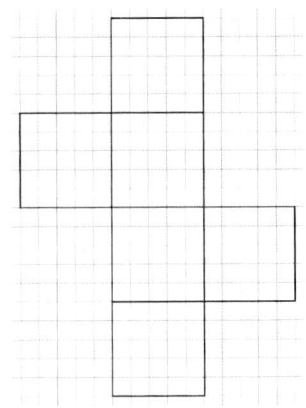

Seite 106 | Aufgabe 25
a) $34{,}6 : 2 = 34{,}6 \cdot 0{,}5$ $\quad 34{,}6 \cdot 0{,}1 = 34{,}6 : 10 \quad\quad 34{,}6 : 100 = 34{,}6 \cdot 0{,}01$
b) $43{,}08 \cdot 0{,}001 = 43{,}08 : 1000 \quad 45{,}9 : 100 = 45{,}9 \cdot 0{,}01 \quad 25 \cdot 0{,}5 = 25 : 2$
c) Beispiele:
   $240 : 0{,}25 = 960 = 240 \cdot 4 \quad\quad (0{,}25 \cdot 4 = 1)$
   $240 : 100 = 2{,}4 = 240 \cdot 0{,}01 \quad\quad (100 \cdot 0{,}01 = 1)$
   $240 : 0{,}5 = 480 = 240 \cdot 2 \quad\quad (0{,}5 \cdot 2 = 1)$

Seite 106 | Aufgabe 26
a) $3{,}375$ c) $\approx 1{,}45$ e) $74{,}25$ g) $\approx 27{,}11$
b) $\approx 53{,}97$ d) $\approx 3{,}47$ f) $\approx 32{,}99$ h) $\approx 0{,}38$

4.3 Potenzen

Seite 107 | Einstieg
Beim Potenzieren wird die Basis n-mal mit sich selbst multipliziert, wobei n die Zahl des Exponenten ist.
$3^4 = (-3)^4 = 81$ Hier haben beide Recht.
$\frac{2^4}{3} = \frac{16}{3}$, da nur die 2 potenziert wird, also hat Steven zwar richtig gerechnet, aber keinen Bruch potenziert. Noras Rechnung ist falsch, allerdings gilt $\left(\frac{2}{3}\right)^4 = \frac{16}{81}$.

Seite 109 | Aufgabe 1
$\frac{-1^2}{3} = -\frac{1^2}{3} < -\left(\frac{1}{3}\right)^2 < \left(\frac{-1}{3}\right)^2 = \left(-\frac{1}{3}\right)^2 < \frac{1}{3}$
Die Brüche sind nicht alle gleich groß, da es beim Potenzieren wichtig ist, wie man die Klammern um die Basis setzt.

Seite 109 | Aufgabe 2
$\left(-\frac{12}{13}\right)^4 \approx 0{,}726$. Der ganze Bruch inklusive des Vorzeichens wird potenziert.
$-\left(\frac{12}{13}\right)^4 \approx -0{,}726$. Es wird der Bruch ohne das Vorzeichen potenziert.
$\frac{(-12)^4}{13} \approx 1595{,}077$. Es wird nur der Zähler inklusive Vorzeichen potenziert.
$-\frac{12^4}{13} \approx -1595{,}077$. Es wird nur Zähler ohne das Vorzeichen potenziert.

Seite 109 | Aufgabe 3
a) $\left(\frac{8}{3}\right)^3 = \frac{512}{27}$ b) $-\left(\frac{7}{5}\right)^2 = -(1{,}4)^2 = -1{,}96$ c) $\left(-\frac{9}{8}\right)^3 = -\frac{729}{512}$ d) $(-1{,}1)^2 = 1{,}21$

Seite 109 | Aufgabe 4
a) Die Aussage ist falsch, für Zahlen zwischen 0 und 1 ist das Quadrat kleiner als die Zahl.
b) Die Aussage ist falsch. Gegenbeispiel: $\left(-\frac{9}{8}\right)^3 = -\frac{729}{512}$
c) Die Aussage ist falsch, denn bei dem ersten Bruch werden sowohl Zähler als auch Nenner potenziert, während beim zweiten Bruch nur der Zähler potenziert wird.
d) Die Aussage ist (für natürliche Exponenten) richtig.

Seite 109 | Aufgabe 5
a) $(-1)^{18} + (-1)^{39} = 1 + (-1) = 0$ b) $\left(-\frac{2}{5}\right)^4 - \left(\frac{2}{5}\right)^4 = 0{,}0256 - 0{,}0256 = 0$

Seite 109 | Aufgabe 6
Wir nehmen an, der größte Würfel habe die Kantenlänge 1.
Kantenlänge 2. Würfel: $\frac{1}{2}$
Kantenlänge 3. Würfel: $\frac{1}{2} \cdot \frac{1}{2} = \left(\frac{1}{2}\right)^2 = \frac{1}{4}$

Kantenlänge 4. Würfel: $\frac{1}{2} \cdot \frac{1}{2} \cdot \frac{1}{2} = \left(\frac{1}{2}\right)^3 = \frac{1}{8}$

Kantenlänge 5. Würfel: $\frac{1}{2} \cdot \frac{1}{2} \cdot \frac{1}{2} \cdot \frac{1}{2} = \left(\frac{1}{2}\right)^4 = \frac{1}{16}$

Die Kante des 5. Würfels ist $\frac{1}{16}$ der Kantenlänge des ersten Würfels.

Seite 110 | Aufgabe 7
a) $\frac{1}{4} = 0{,}25$
b) 1
c) $\frac{1}{81}$
d) 0
e) $\frac{1}{9}$
f) $\frac{1}{189}$
g) 9
h) $\frac{1}{1000}$

Seite 110 | Aufgabe 8
a) 2
b) -8
c) $-\frac{1}{10\,000\,000}$
d) -81
e) 64
f) $-\frac{243}{32}$
g) $\frac{625}{16}$
h) $\frac{1}{448}$

Seite 110 | Aufgabe 9
a) $-4^0 < (-4)^{-1} < 0^4 < 4^0$
b) $2^{-2} = (-2)^{-2} < (-2)^2 = 2^2$
c) $(-1)^3 < (-1)^2 = (-1)^{-2} = (-1)^0$
d) $0{,}2^3 < (-0{,}2)^2 < 0{,}2^{-1} < 0{,}2^{-2}$

Seite 110 | Aufgabe 10
a) -9
b) -9
c) 64
d) 5
e) 6561
f) -1
g) $\frac{3}{8}$
h) $-\frac{1}{216}$

Seite 110 | Aufgabe 11
a) $\frac{1}{2}$
b) $\frac{249}{125}$
c) $-\frac{3}{16}$
d) -256
e) $\frac{7}{4} = 1{,}75$
f) 1
g) $-\frac{4}{7}$
h) 3

Seite 110 | Aufgabe 12
Raphael hat Recht, denn $\left(\frac{3}{7}\right)^{-4} = \left(\frac{7}{3}\right)^4 = \frac{2401}{81}$; weiteres Beispiel: $\left(\frac{1}{2}\right)^{-2} = \frac{1}{\left(\frac{1}{2}\right)^2} = 1 \cdot \left(\frac{2}{1}\right)^2 = 4$.

Seite 110 | Aufgabe 13
Individuelle Lösungen, Beispiele: $\left(\frac{1}{2}\right)^{-6}$; 2^6; $0{,}25^{-3}$

Seite 110 | Aufgabe 14
a) Giga: 10^9; Mega: 10^6; Nano: 10^{-9}; Pico: 10^{-12}
b) Individuelle Lösungen.

Seite 110 | Aufgabe 15
a) 75
b) $\frac{20\,000}{81}$
c) $\frac{20}{9}$
d) -192

Seite 111 | Aufgabe 16
a) $64 = 2^6 = \left(\frac{1}{2}\right)^{-6}$
b) $\frac{1}{64} = \left(\frac{1}{2}\right)^6 = 2^{-6}$
c) $-\frac{1}{81} = -\left(\frac{1}{9}\right)^2 = -(9)^{-2}$
d) $-\frac{4}{25} = -\left(\frac{2}{5}\right)^2 = -\left(\frac{5}{2}\right)^{-2}$
e) $0{,}01 = 0{,}1^2 = 10^{-2}$
f) $0{,}008 = \frac{1}{125} = \left(\frac{1}{5}\right)^3 = 5^{-3}$
g) $-0{,}027 = -0{,}3^3 = \left(-\frac{10}{3}\right)^{-3}$
h) $-1{,}44 = -\frac{36}{25} = -\left(\frac{6}{5}\right)^2 = -\left(\frac{5}{6}\right)^{-2}$

Seite 111 | Aufgabe 17
Taschenrechner zeigen die Zehnerpotenzen unterschiedlich an. Anzeige ① ist eigentlich nicht korrekt, da man hier meinen könnte, dass die Zahl 4,567 mit –10 potenziert werden soll. Die Anzeigen ② und ③ sind beide gebräuchlich, E-10 bedeutet nichts anderes als $\cdot\, 10^{-10}$.

Seite 111 | Aufgabe 18
a) Bei 2^n muss man 2 n-mal mit sich selbst multiplizieren.
   Beispiele: $2^3 = 2 \cdot 2 \cdot 2 = 8$; $2^2 = 2 \cdot 2 = 4$; $2^5 = 2 \cdot 2 \cdot 2 \cdot 2 \cdot 2 = 32$
b) Um -2^n auszurechnen, muss man $-(2 \cdot 2 \cdot \ldots \cdot 2)$ ausrechnen, da die Potenz sich nur auf die 2 und nicht auch auf das Vorzeichen bezieht.
   Beispiele: $-2^3 = -(2 \cdot 2 \cdot 2) = -8$; $-2^2 = -(2 \cdot 2) = -4$; $-2^5 = -(2 \cdot 2 \cdot 2 \cdot 2 \cdot 2) = -32$
c) $2^{-n} = \left(\frac{1}{2}\right)^n$, also nimmt man den Kehrwert von 2 und multipliziert ihn n-mal mit sich selbst.
   Beispiele: $2^{-3} = \frac{1}{2^3} = \frac{1}{8}$; $2^{-2} = \frac{1}{2^2} = \frac{1}{4}$; $2^{-5} = \frac{1}{2^5} = \frac{1}{32}$
d) Hier sind zwei Fälle zu beachten: Ist n gerade, so ist das Ergebnis positiv, wenn n ungerade ist, dann ist das Ergebnis negativ.
   $(-2)^{-n} = \left(\frac{1}{-2}\right)^n$, also nimmt man den Kehrwert von –2 und multipliziert ihn n-mal mit sich selbst.
   Beispiele: $(-2)^{-3} = \frac{1}{(-2)^3} = -\frac{1}{8}$; $(-2)^{-2} = \frac{1}{(-2)^2} = \frac{1}{4}$; $(-2)^{-5} = \frac{1}{(-2)^5} = -\frac{1}{32}$

Seite 111 | Aufgabe 19
a) 400 000 m = 400 km = 40 000 000 cm
b) 740 000 g = 740 kg = 0,74 t
c) 8000 l = 8 m³ = 8 000 000 ml
d) 40 000 m² = 4 ha = 0,04 km²
e) 0,034 m = 3,4 cm = 34 mm
f) 0,0034 km = 340 cm = 3,4 m
g) 0,054 m³ = 54 l = 54 000 ml
h) 0,000 000 009 2 ha = 0,000 092 m² = 92 mm²

Seite 111 | Aufgabe 20
a) $1{,}3 \cdot 10^{-6} < 3{,}1 \cdot 10^{-6} < 1{,}3 \cdot 10^{-1} < 0 < 3{,}1 \cdot 10^0 < 1{,}3 \cdot 10^1 < 1{,}3 \cdot 10^6 < 3{,}1 \cdot 10^6$
b) $1{,}25 \cdot 10^{-1} = 12{,}5 \cdot 10^{-2} < 1{,}25^{-1} < 1{,}25^0 < 1{,}25 \cdot 10^0 < 1{,}25^3 < 1{,}25 \cdot 10^1 < 0{,}125 \cdot 10^3$

Seite 111 | Aufgabe 21
a) $\frac{40}{9}$
b) $\frac{4}{3}$
c) $-\frac{29}{9}$
d) $\frac{1}{8}$

Seite 112 | Aufgabe 22
Marie hat 2^{-1} und $(-0{,}3)^2$ falsch ausgerechnet. Das Minus der Potenz bei 2^{-1} wird nicht vor die 2 gezogen, sondern man bildet den Kehrwert von 2^1, also $\frac{1}{2^1}$. Bei $(-0{,}3)^2$ hat sie zu wenig Stellen nach dem Komma gesetzt: $(-0{,}3)^2 = -0{,}3 \cdot (-0{,}3) = 0{,}09$.
Zudem hat sie die Regel „Punkt- vor Strichrechnung" nicht beachtet und fälschlicherweise $-1{,}7 + 0{,}7$ gerechnet.
Richtig ist: $-1{,}7 + 0{,}7 \cdot (2^{-1} - (-0{,}3)^2) = -1{,}7 + 0{,}7 \cdot \left(\frac{1}{2} - 0{,}09\right) = -1{,}7 + 0{,}287 = -1{,}413$

Seite 112 | Aufgabe 23
$-\frac{158^2}{159} < -\left(\frac{158}{159}\right)^2 < -\frac{158}{159^2} < \left(-\frac{158}{159}\right)^2 < \left(-\frac{158}{159}\right)^{-2}$

Seite 112 | Aufgabe 24

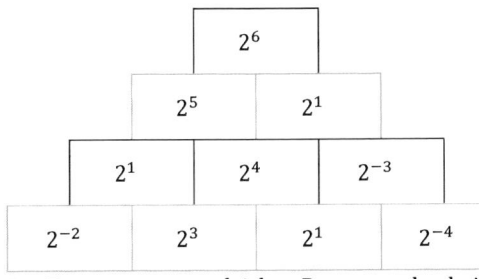

Die Exponenten von gleichen Basen werden bei der Multiplikation addiert.

Seite 112 | Aufgabe 25
a) $2^{-1} = 0{,}5$
b) $4^3 = 64$
c) $0{,}25^{-1} = 4$
d) $(-3)^4 = 81$

Seite 112 | Aufgabe 26
a) Die Aussage ist falsch, denn es ist z. B. $2^{-1} = 0{,}5$.
b) Die Aussage ist richtig: $0{,}03 = 3 \cdot 10^{-2}$
c) Die Aussage ist richtig. Für x = −2 stimmt die Gleichung.
d) Die Aussage ist falsch. Eine positive Basis mit Exponent 0 ist immer 1.

Seite 112 | Aufgabe 27
a) 64
b) $\frac{1}{64}$
c) $-\frac{1}{8}$
d) 81
e) $\frac{729}{64}$
f) $\frac{5}{4}$
g) $\frac{1}{390\,625}$
h) $\frac{729}{64}$

Seite 112 | Aufgabe 28
a) Individuelle Lösungen, je nach Körpergewicht.
b) Für einen 70 kg schweren Menschen mit 10^{14} Zellen gilt:
Länge der Kette: $10^{14} \cdot 20\,\mu m = 2 \cdot 10^{14} \cdot 10^{-6}\,m = 200\,000\,000\,m = 200\,000\,km$
Die Entfernung vom Mond zur Erde sind etwa 384 400 km, sodass die „Zellkette" nicht bis zum Mond reicht.

5. Flächeninhalte

5.1 Flächeninhalt von Parallelogramm, Dreieck und Trapez

Seite 121 | Einstieg
Der Verkäufer hat nicht Recht. Obwohl die Sonnensegel die gleichen Seitenlängen haben, ist doch die Fläche unterschiedlich, die sie beschatten. Am meisten Schatten hat Familie Weiß, wenn sie das rechteckige orangefarbene Sonnensegel kauft.

Seite 121 | Aufgabe 1
a) $A = 7 \text{ cm} \cdot 3 \text{ cm} = 21 \text{ cm}^2$
b) $A = 3 \text{ cm} \cdot 9 \text{ cm} = 27 \text{ cm}^2$
c) $A = 40 \text{ mm} \cdot 25 \text{ mm} = 1000 \text{ mm}^2$
d) $A = 5 \text{ dm} \cdot 3 \text{ cm} = 50 \text{ cm} \cdot 3 \text{ cm} = 150 \text{ cm}^2$

Seite 121 | Aufgabe 2
a) $A = 4 \text{ cm} \cdot 2 \text{ cm} = 8 \text{ cm}^2$
b) $A = 8 \text{ cm} \cdot 5 \text{ cm} = 40 \text{ cm}^2$
c) $A = 5 \text{ cm} \cdot 7 \text{ cm} = 35 \text{ cm}^2$
d) $A = 20 \text{ cm} \cdot 7 \text{ cm} = 140 \text{ cm}^2$

Seite 122 | Aufgabe 3

	Grundseite	Höhe	Flächeninhalt
a)	12 cm	4 cm	48 cm²
b)	22 mm	4 cm	880 mm²
c)	3 m	4 cm	12 dm²

Seite 122 | Aufgabe 4

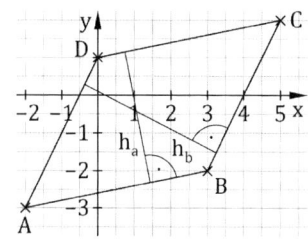

a) Die Höhen stehen senkrecht auf den Seiten. Man kann also mit dem Geodreieck eine Strecke einzeichnen, die senkrecht auf der Grundseite steht und innerhalb des Parallelogramms liegt. Dies ist dann eine Höhe.
b) Sowohl mit $A = a \cdot h_a$ also auch mit $A = b \cdot h_b$ kann man den Flächeninhalt des Parallelogramms berechnen. Beide Formeln führen also auf das gleiche Ergebnis. Also haben auch die beiden Rechtecke mit diesen Seitenlängen den gleichen Flächeninhalt, Tom hat nicht Recht.

Seite 122 | Aufgabe 5
a) Flächeninhalt des Grundstücks: $A = 20{,}5 \text{ m} \cdot 18{,}2 \text{ m} = 373{,}1 \text{ m}^2$
Preis: $P = 373{,}1 \text{ m}^2 \cdot 250 \frac{€}{\text{m}^2} = 93\,275 \,€$
b) Für 96 000 € kann man bei einem Preis von 250 € pro Quadratmeter ein Grundstück mit 384 m² kaufen.
Das Grundstück hat weiterhin eine Breite von 18,2 m. Es kann dann eine Länge von 384 m² : 18,2 m ≈ 21,1 m haben.

Seite 122 | Aufgabe 6
a) $A = \frac{1}{2} \cdot 4 \text{ cm} \cdot 3 \text{ cm} = 6 \text{ cm}^2$
b) $A = \frac{1}{2} \cdot 8 \text{ cm} \cdot 5 \text{ cm} = 20 \text{ cm}^2$
c) $A = \frac{1}{2} \cdot 60 \text{ mm} \cdot 15 \text{ mm} = 450 \text{ mm}^2$
d) $A = \frac{1}{2} \cdot 3 \text{ dm} \cdot 6 \text{ cm} = \frac{1}{2} \cdot 30 \text{ cm} \cdot 6 \text{ cm} = 90 \text{ cm}^2$

Seite 122 | Aufgabe 7
a) $A = \frac{1}{2} \cdot 5 \text{ cm} \cdot 4 \text{ cm} = 10 \text{ cm}^2$
b) $A = \frac{1}{2} \cdot 4 \text{ cm} \cdot 3 \text{ cm} = 6 \text{ cm}^2$
c) $A = \frac{1}{2} \cdot 4 \text{ cm} \cdot 4 \text{ cm} = 8 \text{ cm}^2$

Seite 122 | Aufgabe 8

	Grundseite	Höhe	Flächeninhalt
a)	8 cm	4 cm	16 cm²
b)	12 cm	2 cm	12 cm²
c)	10 m	80 m	4 a

Seite 122 | Aufgabe 9
René hat vergessen, das Produkt aus Grundseite und Höhe durch 2 zu teilen.
Jana hat nicht berücksichtigt, dass die Seiten nicht in der gleichen Einheit angegeben sind und vergessen, die Seitenlänge von Seite b in Millimeter umzurechnen. Richtige Lösung:
$A = \frac{1}{2} \cdot 36 \text{ mm} \cdot 30 \text{ mm} = 540 \text{ mm}^2$

Seite 123 | Aufgabe 10

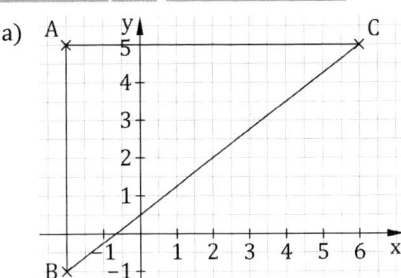

a) Die Seite $\overline{AC}$ ist parallel zur x-Achse. Die Seite $\overline{AB}$ ist 6 cm lang. Damit das Dreieck einen Flächeninhalt von 24 cm² hat, muss die Seite 8 cm lang sein. Damit ist C(6|5).

b) Die Höhen stehen senkrecht auf den Seiten. Man zeichnet also mit dem Geodreieck eine Strecke, die senkrecht auf der Grundseite steht und durch den gegenüberliegenden Punkt geht. Dies ist dann die Höhe.

Seite 123 | Aufgabe 11

Das grüne, rote und braune Dreieck haben alle die gleich lange Höhen von 4 cm, wenn 2 Kästchen 1 cm entsprechen. Das rote und braune Dreieck haben außerdem gleich lange Grundseiten (jeweils 2 cm) und damit auch den gleichen Flächeninhalt, 4 cm². Die Grundseite des grünen Dreiecks ist doppelt so lang (4 cm), damit ist auch der Flächeninhalt doppelt so groß, nämlich 8 cm². Das rote, braune und blaue Dreieck haben alle gleich lange Grundseiten (2 cm), die Höhe des blauen Dreiecks ist halb so groß wie die des roten und braunen. Damit hat es auch einen halb so großen Flächeninhalt, nämlich 2 cm².

Das gelbe Parallelogramm hat die gleiche Höhe und Grundseite wie das rote und braune Dreieck. Sein Flächeninhalt ist damit doppelt so groß, 8 cm².

Die Grundseite des lila Parallelogramms ist genauso lang wie die des gelben, seine Höhe ist halb so groß. Damit ist auch sein Flächeninhalt halb so groß, 4 cm².

Seite 123 | Aufgabe 12

Die Leisten bilden die Diagonalen des Drachens und stehen senkrecht aufeinander. Der Drachen lässt sich also in zwei gleich große rechtwinklige Dreiecke mit der Grundseite 1,20 m und der Höhe 40 cm zerlegen.

$A = 2 \cdot \frac{1}{2} \cdot 0{,}4 \text{ m} \cdot 1{,}2 \text{ m} = 0{,}48 \text{ m}^2$

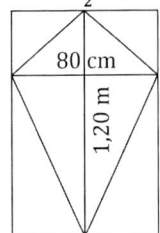

Alexa benötigt mehr als 0,48 m² Stoff, da sie Verschnitt haben wird.

Seite 123 | Aufgabe 13

a) $A = \frac{3 \text{ cm} + 5 \text{ cm}}{2} \cdot 4 \text{ cm} = 16 \text{ cm}^2$
b) $A = \frac{12 \text{ mm} + 36 \text{ mm}}{2} \cdot 26 \text{ mm} = 624 \text{ mm}^2$
c) $A = \frac{10 \text{ cm} + 15 \text{ cm}}{2} \cdot 12 \text{ cm} = 150 \text{ cm}^2$

Seite 123 | Aufgabe 14

a) $A = \frac{3 \text{ cm} + 6 \text{ cm}}{2} \cdot 3 \text{ cm} = 13{,}5 \text{ cm}^2$
b) $A = \frac{5 \text{ cm} + 1{,}8 \text{ cm}}{2} \cdot 2{,}5 \text{ cm} = 8{,}5 \text{ cm}^2$
c) $A = \frac{6 \text{ cm} + 1 \text{ cm}}{2} \cdot 2 \text{ cm} = 7 \text{ cm}^2$

Seite 123 | Aufgabe 15

	Parallele Seite a	Parallele Seite c	Höhe	Flächeninhalt
a)	17 cm	14 cm	8 cm	124 cm²
b)	9 cm	15 cm	7 cm	84 cm²
c)	2,2 m	18 dm	1,8 m	3,6 m²
d)	1,4 m	78 cm	60 cm	65,4 dm²

Seite 123 | Aufgabe 16

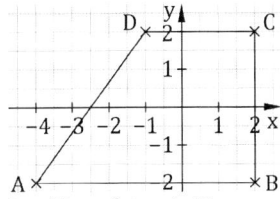

Das Viereck ist ein Trapez, weil die Seiten $\overline{AB}$ und $\overline{DC}$ parallel sind.

Flächeninhalt: $A = \frac{6 \text{ cm} + 3 \text{ cm}}{2} \cdot 4 \text{ cm} = 18 \text{ cm}^2$

Seite 124 | Aufgabe 17
Die Querschnittsfläche ist näherungsweise ein Trapez. Die Höhe beträgt etwa 715 mm.
$A = \frac{1113 \text{ mm} + 960 \text{ mm}}{2} \cdot 715 \text{ mm} = 741\,097,5 \text{ mm}^2$

Seite 124 | Aufgabe 18
Die beiden (grünen) Rasenstücke sind Dreiecke, deren Grundseiten 3 m lang sind und deren Höhen 6 m lang sind. Sie haben also beide den gleichen Flächeninhalt. Das (gelbe) gepflasterte Stück ist ein Parallelogramm mit Grundseite 3 m und Höhe 6 m.
1. Lösungsweg:
Flächeninhalt eines Rasendreiecks: $A_{\text{Dreieck}} = \frac{1}{2} \cdot 3 \text{ m} \cdot 6 \text{ m} = 9 \text{ m}^2$
Flächeninhalt des Parallelogramms: $A_{\text{Parallelogramm}} = 3 \text{ m} \cdot 6 \text{ m} = 18 \text{ m}^2$
2. Lösungsweg:
Die gesamte Fläche ist ein Trapez: $A_{\text{Gesamtfläche}} = \frac{3 \text{ m} + 9 \text{ m}}{2} \cdot 6 \text{ m} = 36 \text{ m}^2$
Flächeninhalt der beiden Dreiecke: $A_{\text{Dreiecke}} = A_{\text{Gesamtfläche}} - A_{\text{Parallelogramm}} = 36 \text{ m}^2 - 18 \text{ m}^2$
Da die beiden Dreiecke den gleichen Flächeninhalt haben, ist der Flächeninhalts jedes Dreiecks: $A_{\text{Dreieck}} = 18 \text{ m}^2 : 2 = 9 \text{ m}^2$

Seite 124 | Aufgabe 19
a) Parallelogramm, Grundseite a = 2 cm; Höhe h_a = 1,2 cm: $A = 2 \text{ cm} \cdot 1,2 \text{ cm} = 2,4 \text{ cm}^2$
b) Trapez, parallele Seiten a = 2,8 cm; b = 1,4 cm; Höhe h = 1,6 cm: $A = \frac{2,8 \text{ cm} + 1,4 \text{ cm}}{2} \cdot 1,6 \text{ cm} = 3,36 \text{ cm}^2$
c) zwei Dreiecke, beide mit der Grundseite g = 2,8 cm; h_1 = 0,9 cm; h_2 = 0,8 cm
$A_1 = \frac{1}{2} \cdot 2,8 \text{ cm} \cdot 0,9 \text{ cm} = 1,26 \text{ cm}^2$; $A_2 = \frac{1}{2} \cdot 2,8 \text{ cm} \cdot 0,8 \text{ cm} = 1,12 \text{ cm}^2$
$A = A_1 + A_2 = 1,26 \text{ cm}^2 + 1,12 \text{ cm}^2 = 2,38 \text{ cm}^2$

Seite 124 | Aufgabe 20
a) Flächeninhalt des Rechtecks: $A = 20 \text{ cm} \cdot 8 \text{ cm} = 160 \text{ cm}^2$
Seite b des Parallelogramms: $b = A : h_b$; $b = 160 \text{ cm}^2 : 10 \text{ cm} = 16 \text{ cm}$
b) Seitenlänge des Quadrats: a = 16 cm : 4 = 4 cm; Flächeninhalt des Quadrats: $A = 4 \text{ cm} \cdot 4 \text{ cm} = 16 \text{ cm}^2$
Höhe des Dreiecks: $A = \frac{1}{2} \cdot a \cdot h_a = \frac{1}{2} \cdot 5 \text{ cm} \cdot h_a = 16 \text{ cm}^2$, also $h_a = 6,4 \text{ cm}$
c) Flächeninhalt des Dreiecks: $A = \frac{1}{2} \cdot 30 \text{ cm} \cdot 40 \text{ cm} = 600 \text{ cm}^2$
Höhe des Parallelogramms: $h_b = 600 \text{ cm}^2 : 15 \text{ cm} = 40 \text{ cm}$

Seite 124 | Aufgabe 21
Tim hat die Figur eingeteilt in ein Dreieck oben und ein Trapez unten. Er hat die beiden Flächeninhalte berechnet und addiert.
Valerie hat zunächst das Rechteck berechnet, aus dem die Figur „herausgeschnitten" wurde und dann unten rechts den Flächeninhalt eines Dreiecks und oben rechts den Flächeninhalt eines Trapezes subtrahiert.

Seite 125 | Aufgabe 22
a) Erste Figur

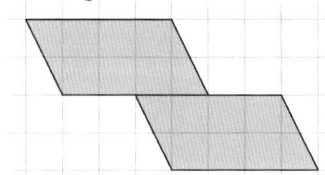

$A = 2 \cdot 2 \text{ cm} \cdot 1 \text{ cm} = 4 \text{ cm}^2$

Zweite Figur

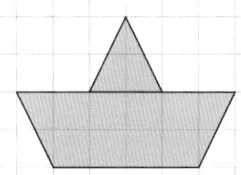

$A = \frac{2 \text{ cm} + 3 \text{ cm}}{2} \cdot 1 \text{ cm} + \frac{1}{2} \cdot 1 \text{ cm} \cdot 1 \text{ cm} = 3 \text{ cm}^2$

Dritter Figur

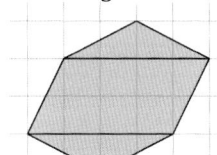

$A = 2 \cdot \frac{1}{2} \cdot 2 \text{ cm} \cdot 0,5 \text{ cm} + 2 \text{ cm} \cdot 1 \text{ cm} = 3 \text{ cm}^2$

b) individuelle Lösungen

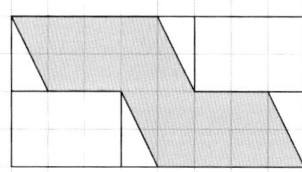

$A = 4 \text{ cm} \cdot 2 \text{ cm} - 2 \cdot 1,5 \text{ cm} \cdot 1 \text{ cm} - 4 \cdot \frac{1}{2} \cdot 0,5 \text{ cm} \cdot 1 \text{ cm}$
$= 8 \text{ cm}^2 - 3 \text{ cm}^2 - 1 \text{ cm}^2 = 4 \text{ cm}^2$

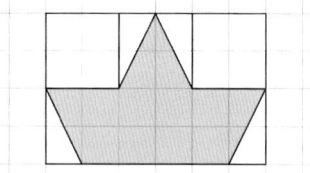

$A = 3 \text{ cm} \cdot 2 \text{ cm} - 2 \cdot 1 \text{ cm} \cdot 1 \text{ cm} - 4 \cdot \frac{1}{2} \cdot 0,5 \text{ cm} \cdot 1 \text{ cm}$
$= 6 \text{ cm}^2 - 2 \text{ cm}^2 - 1 \text{ cm}^2 = 3 \text{ cm}^2$

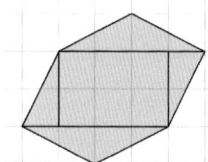

$A = 2 \cdot \frac{1}{2} \cdot 2 \text{ cm} \cdot 0,5 \text{ cm} + 2 \cdot \frac{1}{2} \cdot 0,5 \text{ cm} \cdot 1 \text{ cm} + 1,5 \text{ cm} \cdot 1 \text{ cm}$
$= 3 \text{ cm}^2$

Seite 125 | Aufgabe 23

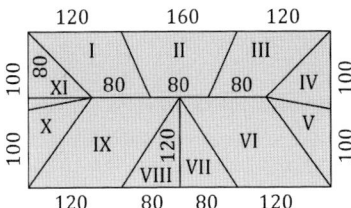

Die Anlage ist symmetrisch, sodass die Flächeninhalte einiger Figuren gleich sind.

I und III: Trapeze; $A = \frac{120\,m + 80\,m}{2} \cdot 80\,m = 8000\,m^2$

II: Trapez; $A = \frac{160\,m + 80\,m}{2} \cdot 80\,m = 9600\,m^2$

VI und IX: Parallelogramme; $A = 120\,m \cdot 120\,m = 14\,400\,m^2$

VII und VIII: Dreiecke; $A = \frac{1}{2} \cdot 80\,m \cdot 120\,m = 4800\,m^2$

IV, V, X und XI: Dreiecke mit der Höhe: $(120\,m + 160\,m + 120\,m - 3 \cdot 80\,m) : 2 = 80\,m$ und der Grundseite 100 m:
$A = \frac{1}{2} \cdot 100\,m \cdot 80\,m = 4000\,m^2$

Seite 125 | Aufgabe 24
a) Der Flächeninhalt verdoppelt sich.
b) Der Flächeninhalt verdoppelt sich.
c) Der Flächeninhalt vervierfacht sich.
d) Der Flächeninhalt verändert sich genauso wie beim Dreieck.

Seite 125 | Aufgabe 25
Das Geländer ist etwas weniger als halb so hoch wie die Tür, also etwa 1 m.
Die Form des Geländers kann man in ein Rechteck (auf dem Treppenabsatz) und zwei Parallelogramme einteilen, die beide den gleichen Flächeninhalt haben. Das Rechteck ist etwa zweieinhalb so breit wie die Tür, also etwa 2,5 m.
Die Höhe in den Parallelogrammen entspricht der Breite von 4 Treppenstufen, das sind etwa 1,2 m.
Mit diesen Abschätzungen gilt für den Flächeninhalt:
$A \approx 2 \cdot 1\,m \cdot 1{,}2\,m + 1\,m \cdot 2{,}5 = 4{,}9\,m^2$
Man benötigt etwa 5 m² Glas.

Seite 125 | Aufgabe 26
Die Figur besteht aus einem Rechteck, zwei Trapezen, einem Parallelogramm und zwei Dreiecken. Die Höhe aller Figuren ist gleich, nämlich 6 m. Die Grundseiten des Rechtecks und des Parallelogramms sind jeweils 3 m lang, diese beiden Figuren haben also den gleichen Flächeninhalt. Die parallelen Seiten der Trapeze sind jeweils 2 m und 4 m lang, die halbe Summe beträgt also ebenfalls 3 m. Auch die Trapeze haben den gleichen Flächeninhalt.
Die Grundseiten der Dreiecke sind beide 6 m lang, die Hälfte davon ist 3 m. Auch die Dreiecke haben den gleichen Flächeninhalt. Alle sechs Einzelfiguren haben also den gleichen Flächeninhalt. Damit haben auch je zwei oder mehr Teilflächen zusammen immer den gleichen Flächeninhalt wie eine andere zusammengesetzte Fläche aus gleich vielen Flächenstücken.

Seite 126 | Aufgabe 27
a) Das Parallelogramm wird entlang der Mittellinie gefaltet. An den Seiten entstehen zwei Dreiecke, bei denen das Papier nicht doppelt liegt. Diese werden entlang ihrer Höhe in der Mitte gefaltet.
b) Der Flächeninhalt vom Parallelogramm ist doppelt so groß wie der des Rechtecks. Die Grundseite des Rechtecks ist genauso lang wie die des Parallelogramms. Die Höhe vom Parallelogramm ist doppelt so lang wie die des Rechtecks. Für den Flächeninhalt des Rechtecks gilt $A_R = g \cdot \frac{1}{2} \cdot h$, für den des Parallelogramms also $A_P = 2 \cdot A_R = 2 \cdot g \cdot \frac{1}{2} \cdot h = g \cdot h$.
c) Dreieck: Die Figur lässt sich ähnlich falten wie in b). Dann gilt $A_R = \frac{1}{2} \cdot g \cdot \frac{1}{2} \cdot h$ und $A_D = 2 \cdot A_R = 2 \cdot \frac{1}{2} \cdot g \cdot \frac{1}{2} \cdot h = \frac{1}{2} \cdot g \cdot h$.
Trapez: Die Figur lässt sich ähnlich falten wie in b). Dann gilt $A_R = \frac{1}{2} \cdot (a + c) \cdot \frac{1}{2} \cdot h$ und $A_T = 2 \cdot A_R = \frac{(a+c)}{2} \cdot h$.

Seite 126 | Aufgabe 28
a) Die Raute besteht aus vier Dreiecken. Bei jedem ist die Grundseite so lang wie eine halbe Diagonale, die Höhe so lang wie die Hälfte der anderen.
$A = 4 \cdot \frac{1}{2} \cdot 3\,cm \cdot 4\,cm = 24\,cm^2$

b) Mit den Überlegungen aus a) gilt:
$A = 4 \cdot \frac{1}{2} \cdot \frac{e}{2} \cdot \frac{f}{2} = \frac{1}{2} \cdot e \cdot f$
Diese Formel kann man auch so interpretieren: Der Flächeninhalt einer Raute ist halb so groß wie der Flächeninhalt des Rechtecks mit den Seiten e und f.

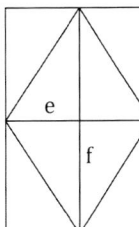

c) Maja hat Recht. Die zweite Erklärung der Formel gilt auch für Drachenvierecke: Der Flächeninhalt ist halb so groß wie das Rechteck mit den Seiten e und f.

Seite 126 | Aufgabe 29

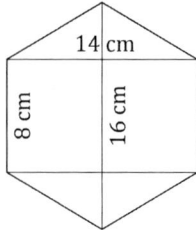

a) 1. Lösungsweg:
Man berechnet den Flächeninhalt des Gehsteigs und den Flächeninhalt eines Steins. Dann teilt man die Flächeninhalte und erhält so die Anzahl der benötigten Steine.
$A_{Rechteck} = 150\text{ cm} \cdot 120\text{ cm} = 18\,000\text{ cm}^2$
Das Sechseck kann man in zwei Dreiecke und ein Rechteck aufteilen.
$A_{Sechseck} = 2 \cdot \frac{1}{2} \cdot 14\text{ cm} \cdot 4\text{ cm} + 14\text{ cm} \cdot 8\text{ cm} = 168\text{ cm}^2$; $\quad \frac{A_{Rechteck}}{A_{Sechseck}} = \frac{18\,000\text{ cm}^2}{168\text{ cm}^2} \approx 107{,}14$

2. Lösungsweg
Man betrachtet die Längen des Gehwegs und die Längen der Steine.
Werden die Steine wie im Foto verlegt, dann ist ein Stein in Richtung der Länge 14 cm breit; für die 150 cm Länge braucht man also $150 : 14 \approx 10{,}7 \approx 11$ Steine.
In Richtung der Breite ist ein Stein 16 cm lang, allerdings liegen die Steine ja ineinander verzahnt. Ein Stein überdeckt eine Breite von 12 cm. Für die 120 cm Breite braucht man $120 : 12 = 10$ Steine. Insgesamt braucht man also $11 \cdot 10 = 110$ Steine.

b) Beide Lösungsansätze berücksichtigen nicht, dass am Rand des Gehsteigs Steine geteilt werden müssen, um einen sauberen Rand zu bekommen. Auch berücksichtigen beide Ansätze nicht, dass beim Verlegen wahrscheinlich Steine zu Bruch gehen etc. Der 2. Lösungsweg berücksichtigt etwas besser, wie die Steine genau verlegt werden. In beiden Fällen erhält man aber etwas weniger Steine, als man tatsächlich braucht.

c) individuelle Lösungen

Seite 126 | Aufgabe 30

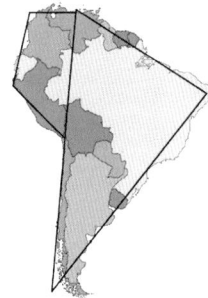

Beispiellösung:
Den Kontinent kann man grob in ein Dreieck und ein Trapez einteilen.
Dreieck: $g \approx 7000\text{ km}$; $h \approx 3500\text{ km}$; $A_{Dreieck} \approx \frac{1}{2} \cdot 7000\text{ km} \cdot 3500\text{ km} = 12\,250\,000\text{ km}^2$
Trapez: parallele Seiten: $a \approx 3200\text{ km}$; $b \approx 2000\text{ km}$; $h \approx 1500\text{ km}$; $A_{Trapez} \approx \frac{3200\text{ km} + 2000\text{ km}}{2} \cdot 1500\text{ km} = 3\,900\,000\text{ km}^2$
$A_{gesamt} = A_{Trapez} + A_{Dreieck} = 3\,900\,000\text{ km}^2 + 12\,250\,000\text{ km}^2 = 16\,150\,000\text{ km}^2$
Die tatsächliche Größe Südamerikas beträgt $17\,843\,000\text{ km}^2$. Man könnte die Schätzung verbessern, indem man die Landkarte mit einer größeren Zahl von Figuren annähert, die dann die Umrisse besser abbilden.

5.2 Das Prisma und sein Oberflächeninhalt

Seite 127 | Einstieg
Alle Verpackungen haben ein Vieleck als Grundfläche (Quadrat, Sechseck, Dreieck). Um zu bestimmen, wie viel Tonpapier man mindestens braucht, muss man den Flächeninhalt der Grund-, der Deck- und aller Seitenflächen zusammenzählen.

Seite 131 | Aufgabe 1
Pralinenschachtel: kein Prisma, die herzförmige Grundfläche ist kein Vieleck
Milchtüte: kein Prisma wegen des dachförmigen Deckels
mittleres Käsestück: kein Prisma, das Stück läuft nach oben hin zusammen, Grund- und Deckfläche sind nicht gleich
rechtes Käsestück: Prisma mit dreieckiger Grundfläche
Rosinenbrot: Prisma mit rechteckiger Grundfläche

Seite 131 | Aufgabe 2
a) wahr, ein Prisma hat eine Grundfläche, eine Deckfläche und mindestens eine (sogar mindestens drei) Mantelfläche(n)
b) falsch, bei einem Prisma sind Grund- und Deckfläche parallel, die Höhe ist überall gleich
c) wahr, ist die Grundfläche ein Viereck, so hat das Prisma 12 Kanten, ist es ein Fünfeck, so sind es 15 Kanten

d) Falsch, Netze können auf viele verschiedene Weisen gezeichnet werden. Selbst wenn man die Darstellung wählt, dass die drei Seitenflächen nebeneinander stehen und Grund- und Deckfläche an der mittleren Seitenfläche anliegen, stimmt die Aussage nicht, da ein Prisma mit einem gleichseitigen Dreieck als Grundfläche dann nur noch ein Netz hat.

Seite 131 | Aufgabe 3

(Netz 2 ist das Netz rechts neben Netz 1, Netz 5 bezeichnet das Netz direkt unter Netz 1.)

a) Netz 1: Prismennetz
   Netz 2: kein Prismennetz, es fehlt eine Seitenfläche
   Netz 3: kein Prismennetz, Deck-und Grundfläche dürfen nicht an der gleichen Seite angebracht werden
   Netz 4: Prismennetz
   Netz 5: Prismennetz
   Netz 6: Prismennetz
   Netz 7: kein Prismennetz, es fehlt eine Seitenfläche
   Netz 8: Prismennetz

b) Die Netze 1 und 5 gehören zum gleichen Prisma, Grundfläche ist ein Trapez. Die Netze 6 und 8 gehören zum gleichen Prisma, Grundfläche ist ein Dreieck.

Seite 131 | Aufgabe 4

a)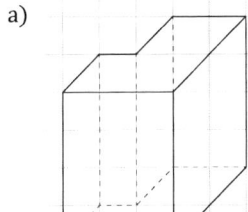

Prisma mit L-förmiger Grundfläche oder zusammengesetzter Körper aus zwei Quadern

b)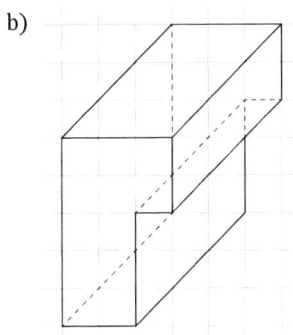

(Beispiellösung)
Prisma mit L-förmiger Grundfläche (hier vorne im Bild) oder zusammengesetzter Körper aus zwei Quadern

c)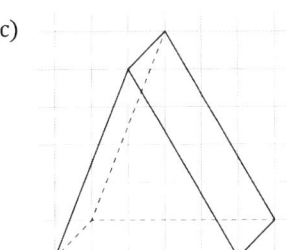

Prisma mit dreieckiger Grundfläche

d)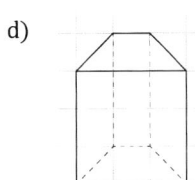

Fehler im 1. Druck des Schulbuchs: Zur vorgegebenen Zeichnung gibt es keine Lösung.
Prisma trapezförmiger Grundfläche

Seite 132 | Aufgabe 5

Natalie hat das vorgegebene Parallelogramm als Grundfläche des Prismas senkrecht in das Bild gestellt, Matthew hat es in seinem Bild flach auf den Boden gelegt. Katharina hat vergessen, dass schräge Kanten im Schrägbild um den Faktor 2 verkürzt werden.

Seite 132 | Aufgabe 6

a) Der Körper ist ein Prisma mit rechteckiger Grundfläche. Man bestimmt die Flächeninhalte der sechs Flächen, die Summe ergibt den Oberflächeninhalt.
b) Der Körper ist ein Prisma mit pfeilförmiger Grundfläche. Man bestimmt den Flächeninhalt der Grund- und Deckfläche als Summe der Flächeninhalte von Rechteck und Dreieck. Dann bestimmt man die Flächeninhalte der 7 Seitenflächen.
c) Der Körper ist ein Prisma mit kreuzförmiger Grundfläche. Um den Flächeninhalt der Grund- und Deckfläche zu bestimmen, teilt man sie in 5 Rechtecke. Dann bestimmt man den Flächeninhalt der 12 Seitenflächen.

Seite 132 | Aufgabe 7

a)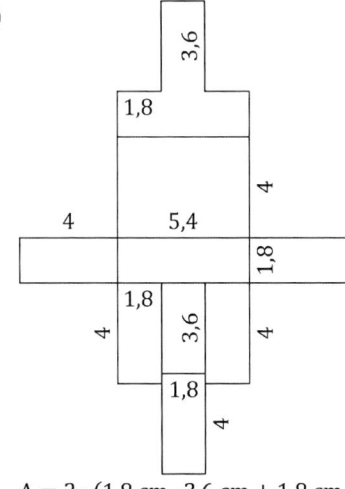

$A = 2 \cdot (1{,}8 \text{ cm} \cdot 3{,}6 \text{ cm} + 1{,}8 \text{ cm} \cdot 5{,}4 \text{ cm}) + 2 \cdot (4 \text{ cm} \cdot 3{,}6 \text{ cm} + 4 \text{ cm} \cdot 1{,}8 \text{ cm}) + 4 \text{ cm} \cdot 5{,}4 \text{ cm} + 4 \text{ cm} \cdot 1{,}8 \text{ cm} = 104{,}4 \text{ cm}^2$

b)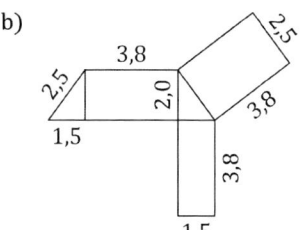

$A = 2 \cdot \frac{1}{2} \cdot 2 \text{ cm} \cdot 1{,}5 \text{ cm} + 2 \text{ cm} \cdot 3{,}8 \text{ cm} + 1{,}5 \text{ cm} \cdot 3{,}8 \text{ cm} + 2{,}5 \text{ cm} \cdot 3{,}8 \text{ cm} = 25{,}8 \text{ cm}^2$

c)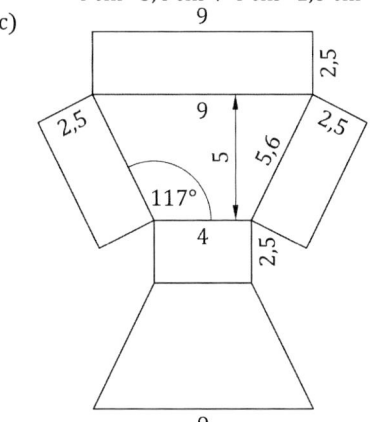

$A \approx 2 \cdot \left(\frac{4 \text{ cm} + 9 \text{ cm}}{2} \cdot 5 \text{ cm}\right) + 2{,}5 \text{ cm} \cdot 9 \text{ cm} + 2{,}5 \text{ cm} \cdot 4 \text{ cm} + 2 \cdot (2{,}5 \text{ cm} \cdot 5{,}6 \text{ cm}) = 125{,}5 \text{ cm}^2$

Seite 132 | Aufgabe 8

Oberflächeninhalt der quaderförmigen Verpackung:
$O_{\text{Quader}} = 2 \cdot (4 \text{ cm} \cdot 6 \text{ cm}) + 2 \cdot (4 \text{ cm} \cdot 10 \text{ cm}) + 2 \cdot (6 \text{ cm} \cdot 10 \text{ cm}) = 248 \text{ cm}^2$

Flächeninhalt der achteckigen Grundfläche:
$A = 12 \text{ cm} \cdot 10 \text{ cm} - 4 \cdot \frac{1}{2} \cdot 3 \text{ cm} \cdot 2 \text{ cm} = 108 \text{ cm}^2$

Umfang des Achtecks: $u = 4 \cdot 3{,}6 \text{ cm} + 2 \cdot 8 \text{ cm} + 2 \cdot 4 \text{ cm} = 38{,}4 \text{ cm}$

Oberflächeninhalt der achteckigen Verpackung:
$O_{\text{achteckig}} = 2 \cdot 108 \text{ cm}^2 + u \cdot h = 216 \text{ cm}^2 + 38{,}4 \text{ cm} \cdot h$

Damit beide Oberflächeninhalte gleich groß sind, muss $h \approx 0{,}83 \text{ cm}$ gelten.

Seite 132 | Aufgabe 9

Die Mantelfläche besteht aus drei Rechtecken. Die Seitenlängen der Rechtecke sind die Kantenlänge des Dreiecks s und die Höhe des Körpers $h = 10 \text{ cm} = 1 \text{ dm}$.

$3 \cdot s \cdot 1 \text{ dm} = 3 \text{ dm}^2$

Die Seitenlänge der Dreiecksseiten beträgt also 1 dm.

Seite 133 | Aufgabe 10

Jens hat alle Flächen des Prismas einzeln berechnet.

Klara könnte zuerst den Flächeninhalt und den Umfang der Deckfläche berechnet haben. Dann muss nur noch der Flächeninhalt der Deckfläche verdoppelt werden und das Produkt aus Umfang und Höhe addiert werden.

$O_{Deckfläche} = 3 \text{ cm} \cdot 1{,}5 \text{ cm} + (0{,}5 \text{ cm} + 1\text{cm}) : 2 \cdot 1\text{cm} = 5{,}25 \text{ cm}^2$

$u_{Deckfläche} = 3 \text{ cm} + 2{,}5 \text{ cm} + 0{,}5 \text{ cm} + 1{,}1 \text{ cm} + 2 \text{ cm} + 1{,}5 \text{ cm} = 10{,}6 \text{ cm}$

$O = 2 \cdot O_{Deckfläche} + u_{Deckfläche} \cdot 2\text{cm} = 2 \cdot 5{,}25 \text{ cm}^2 + 10{,}6 \text{ cm} \cdot 2\text{cm} = 31{,}7 \text{cm}^2$

Seite 133 | Aufgabe 11

a) $O = 2 \cdot \left(\frac{1{,}5 \text{ cm} + 1 \text{ cm}}{2} \cdot 1\text{cm} + \frac{1}{2} \cdot 1\text{cm} \cdot 1\text{cm}\right) + (1{,}5 \text{ cm} + 1{,}1 \text{ cm} + 1{,}4 \text{ cm} + 2 \text{ cm}) \cdot 1\text{cm} = 9{,}5 \text{ cm}^2$

b) $O = 4 \text{ cm} \cdot 6 \text{ cm} + 2 \cdot \frac{1}{2} \cdot 4 \text{ cm} \cdot 6 \text{ cm} + (4 \text{ cm} + 6 \text{ cm}) \cdot 1{,}5 \text{ cm} + (4 \text{ cm} + 6 \text{ cm}) \cdot 3 \text{ cm} + 7{,}2 \text{ cm} \cdot 1{,}5 \text{ cm} = 103{,}8 \text{ cm}^2$

c) $O = 4 \cdot 2 \text{ cm} \cdot 4 \text{ cm} + 2\text{cm} \cdot 2\text{cm} + 4{,}5\text{cm} \cdot 4{,}5 \text{ cm} - 2 \text{ cm} \cdot 2\text{cm} + 4{,}5 \text{ cm} \cdot 4{,}6\text{cm} + 2 \cdot \frac{1}{2} \cdot 4{,}5 \text{ cm} \cdot 1 \text{ cm} + 1 \text{ cm} \cdot 4{,}5 \text{ cm}$
$= 81{,}95 \text{ cm}^2$

Seite 133 | Aufgabe 12

I a)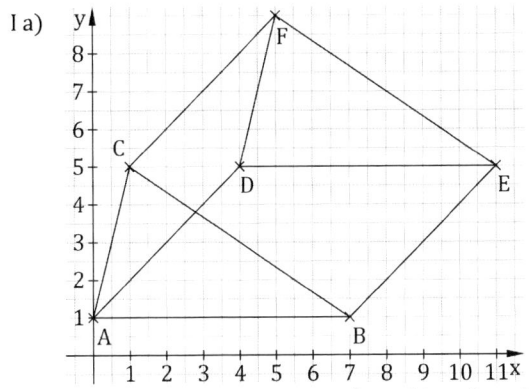

E(11|5); F(5|9); Prisma mit dreieckiger Grundfläche

I b) $O = 2 \cdot \frac{1}{2} \cdot 7 \text{ cm} \cdot 4\text{cm} + (7 \text{ cm} + 4{,}1 \text{ cm} + 7{,}2 \text{ cm}) \cdot 11{,}3 \text{ cm} = 234{,}79 \text{ cm}^2$

II a)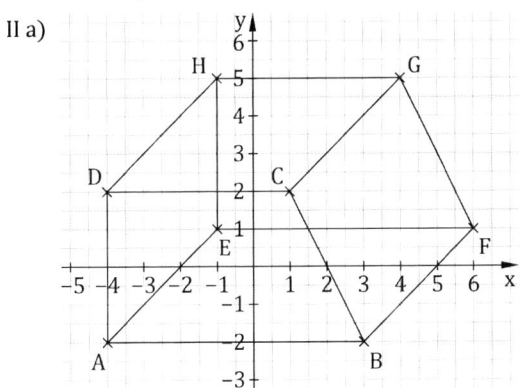

F(6|1); G(4|5); H(-1|5); Prisma mit trapezförmiger Grundfläche

II b) $O = 2 \cdot (7 \text{ cm} + 5 \text{ cm}) : 2 \cdot 4\text{cm} + (7 \text{ cm} + 4{,}5 \text{ cm} + 5 \text{ cm} + 4 \text{ cm}) \cdot 8{,}5 \text{ cm} = 222{,}25 \text{ cm}^2$

III a)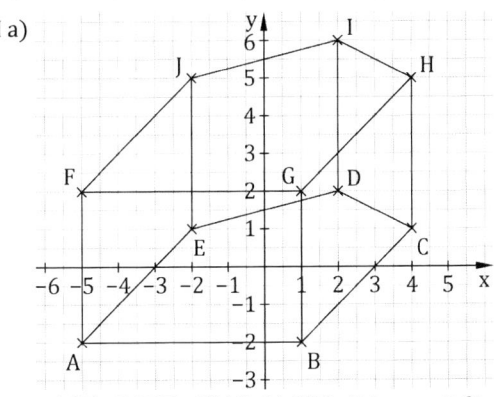

G(1|2); H(4|5); I(2|6); J(-2|5); Prisma mit fünfeckiger Grundfläche

III b) $O = 2 \cdot \left(6 \text{ cm} \cdot 6 \text{ cm} + \frac{1}{2} \cdot 6 \text{ cm} \cdot 3{,}1 \text{ cm}\right) + (6 \text{ cm} + 8{,}5 \text{ cm} + 4{,}3 \text{ cm} + 4{,}3 \text{ cm} + 8{,}5 \text{ cm}) \cdot 8{,}5 \text{ cm} = 359{,}2 \text{ cm}^2$

Seite 134 | Aufgabe 13

Flächeninhalt der ursprünglichen Oberfläche:
$O = 2 \cdot (70 \text{ cm} + 126 \text{ cm}) : 2 \cdot 45 \text{ cm} + (70 \text{ cm} + 53 \text{ cm} + 53 \text{ cm}) \cdot 100 \text{ cm} = 26\,420 \text{ cm}^2$

Beim Verlängern der Wanne bleiben die Trapezflächen gleich:
Flächeninhalt der Oberfläche der verlängerten Wanne: $O_{Trapeze} = 2 \cdot (70 \text{ cm} + 126 \text{ cm}) : 2 \cdot 45 \text{ cm} = 8820 \text{ cm}^2$
Es muss also 176 cm · (100 cm + l) = 46 570 cm² − 8820 cm² = 37 750 cm² gelten.
Es folgt l = 114,49 cm, die Wanne muss um 114,49 cm verlängert werden.

Seite 134 | Aufgabe 14

a) Das ist falsch. Wenn der Flächeninhalt der Grundfläche verdoppelt wird, bedeutet das nicht unbedingt, dass auch der Flächeninhalt der Mantelfläche verdoppelt wird.
b) Das ist richtig. Wenn alle Kanten der Grundfläche halbiert werden, dann halbiert sich auch ihr Umfang und damit bei gleichbleibender Höhe auch der Flächeninhalt der Mantelfläche.
c) Das ist falsch. Der Flächeninhalt der Grundfläche bleibt dabei gleich.

Seite 134 | Aufgabe 15

a)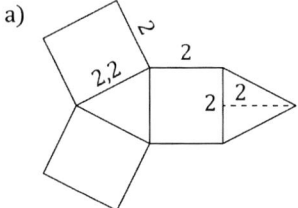

Das Dreieck ist die Grundfläche, sonst entsteht kein Prisma.

b) $O = 2 \text{ cm} \cdot 2 \text{ cm} + 2 \cdot 2{,}2 \text{ cm} \cdot 2 \text{ cm} + 2 \cdot \frac{1}{2} \cdot 2 \text{ cm} \cdot 2 \text{ cm} = 16{,}8 \text{ cm}^2$

c) Wenn man an die beiden übrigen Seiten des Quadrats je ein Dreieck zeichnet, erhält man das Netz einer Pyramide.

Seite 134 | Aufgabe 16

Die Oberfläche der Haube besteht aus zwei Rechtecken und zwei rechtwinkligen Dreiecken.
Neben der vorderen Kante eines Dreiecks kniet ein Mann. Damit kann man die Kantenlänge abschätzen, es sind etwa 1,20 m. Im vorderen Rechteck befindet sich ein Fenster, das etwa ein Drittel der Breite dieser Stirnfläche einnimmt. Die Seitenkante des Fensters ist etwas kleiner als die Höhe der Fläche, also etwa 1 m. Damit ist das vordere Rechteck etwa 1,20 m hoch und 3 m breit. Das obere Rechteck ist etwas tiefer als die Seitenkante lang ist, also etwa 1,50 m.
Damit ergibt sich für die Oberfläche:
$O = 1{,}20 \text{ m} \cdot 3 \text{ m} + 1{,}50 \text{ m} \cdot 3 \text{ m} + 2 \cdot \frac{1}{2} \cdot 1{,}20 \text{ m} \cdot 1{,}50 \text{ m} = 9{,}9 \text{ m}^2$
Man benötigt also etwa 10 m² Blech, wenn man den Verschnitt mit einberechnet, etwas mehr.

Seite 134 | Aufgabe 17

a) Der Schriftzug steht an einem Weg, seine Höhe wird insgesamt auf etwa 3 m geschätzt, also 60 cm pro Buchstabe. Seine Tiefe beträgt dann ebenfalls etwa 60 cm. Damit ergeben sich die folgenden Schätzungen für die Maße der Vorderseite des Buchstaben (in Zentimetern).

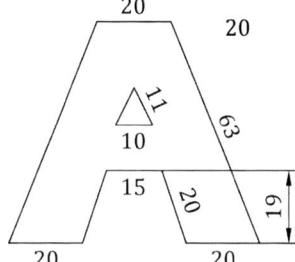

Flächeninhalt der Vorderseite:
$O_A \approx 60 \text{ cm} \cdot 60 \text{ cm} - (20 \text{ cm} + 15 \text{ cm}) : 2 \cdot 19 \text{ cm} - 2 \cdot \frac{1}{2} \cdot 20 \text{ cm} \cdot 60 \text{ cm} - \frac{1}{2} \cdot 10 \text{ cm} \cdot 10 \text{ m} = 2017{,}5 \text{ cm}^2$
Umfang der Vorderseite:
u ≈ 20 cm + 20 cm + 15 cm + 20 cm + 20 cm + 63 cm + 20 cm + 63 cm + 10 cm + 11 cm + 11 cm = 273 cm
Oberflächeninhalt des Buchstabens:
$O \approx 2 \cdot O_A + u \cdot 60 \text{ cm} = 4035 \text{ cm}^2 + 273 \text{ cm} \cdot 60 \text{ cm} = 20\,415 \text{ cm}^2$

b) Man kann den Bogen des P z. B. durch zwei Rechtecke und zwei Trapeze annähern.

6. Verbindung der Grundrechenarten

6.1 Verbindung der Grundrechenarten

Seite 140 | Einstieg
a) Lena muss die Vorzeichen beachten. Richtig ist: −7 + 5 = −2.
b) Lena muss die Rechenregel „Punktrechnung vor Strichrechnung" beachten. Richtig ist: $2{,}5 \cdot \frac{3}{8} - \frac{3}{8} = \frac{15}{16} - \frac{3}{8} = \frac{15}{16} - \frac{6}{16} = \frac{9}{16}$.
c) Richtig.
d) Minus mal Minus gibt Plus, es muss potenziert und nicht multipliziert werden. Richtig ist: $(-3)^2 = (-3) \cdot (-3) = 9$.
e) Lena hat die Potenz im Nenner falsch ausgerechnet, $2^3 = 2 \cdot 2 \cdot 2 = 8$. Richtig ist: $\frac{8}{3} \cdot \frac{1}{2^3} = \frac{8}{3} \cdot \frac{1}{8} = \frac{1}{3}$
f) Eine Klammer im Divisor kann man nicht so einfach auflösen. Richtig ist: $\frac{7}{6} : \left(\frac{5}{6} - \frac{3}{5}\right) = \frac{7}{6} : \left(\frac{25}{30} - \frac{18}{30}\right) = \frac{7}{6} : \frac{7}{30} = \frac{7}{6} \cdot \frac{30}{7} = 5$

Seite 143 | Aufgabe 1
a) $0{,}68 = \frac{17}{25}$
b) $-\frac{4}{35}$
c) $\frac{1}{21}$
d) $-\frac{3}{20}$
e) $1\frac{3}{7}$
f) $-1\frac{3}{7}$
g) −9,74
h) −12,72
i) 2,03

Seite 143 | Aufgabe 2
So wie die Aufgabe gestellt ist, verlockt es, zuerst zu subtrahieren und dann zu dividieren. Man muss aber die Regel „Punkt- vor Strichrechnung" beachten: $2\frac{1}{7} - \frac{1}{7} : \frac{9}{28} = \frac{15}{7} - \frac{1}{7} \cdot \frac{28}{9} = \frac{15}{7} - \frac{4}{9} = \frac{135}{63} - \frac{28}{63} = \frac{107}{63} = 1\frac{44}{63}$.

Seite 143 | Aufgabe 3
a) $\frac{5}{9}$
b) 0
c) $-\frac{3}{4}$
d) 0,7
e) 8,6
f) $39{,}0625 = 39\frac{1}{16}$
g) 0,16
h) 0,266
i) 13

Seite 144 | Aufgabe 4
a) Von Zeile 4 zu 5 beachtet Eske nicht Punkt- vor Strichrechnung. Richtig ist also: $\frac{49}{6} - \frac{9}{2} : \frac{3}{4} = \frac{49}{6} - \frac{9}{2} \cdot \frac{4}{3} = \frac{49}{6} - \frac{36}{6} = \frac{13}{6} = 2\frac{1}{6}$.
b) Von Zeile 1 zu 2: Beim Klammerauflösen muss mit jedem Glied in der Klammer multipliziert werden. Außerdem wurde in der letzten Zeile ein Vorzeichenfehler gemacht.
Richtig ist also: $= \left[\frac{3}{8} - \frac{1}{2} \cdot \left(\frac{4}{9} \cdot \frac{2}{1} + \frac{1}{9}\right)\right] = \left[\frac{3}{8} - \frac{1}{2} \cdot \left(\frac{8}{9} + \frac{1}{9}\right)\right] = \frac{3}{8} - \frac{1}{2} \cdot 1 = -\frac{1}{8}$.

Seite 144, Aufgabe 5
a) $\frac{7}{12}$
b) $\frac{2}{3}$
c) $\frac{5}{36}$
d) $\frac{2}{9}$
e) $-\frac{5}{12}$
f) −1,5
g) 9
h) $\frac{57}{16} = 3\frac{9}{16}$
i) $\frac{273}{16} = 17\frac{1}{16}$

Seite 144 | Aufgabe 6
a) $-\frac{85}{18} = -4\frac{13}{18}$ (Division mit Bruchzahlen) b) $\frac{32}{9} = 3\frac{5}{9}$ (Distributivgesetz) c) $-\frac{6}{5} = -1\frac{1}{5}$ (Distributivgesetz)

Seite 144 | Aufgabe 7
a) Man kann keine Klammer weglassen. (Man könnte die eckigen Klammern weglassen und stattdessen eine runde Klammer um −7 setzen.)
b) Man kann die eckige Klammer weglassen.
c) Man kann keine Klammer weglassen.

Seite 144 | Aufgabe 8
a) $\frac{3}{4} - \left(\frac{1}{2} - \frac{1}{4}\right) = \frac{1}{2}$
b) $\frac{7}{8} - 2\left(\frac{1}{2} - \frac{1}{8}\right) = \frac{1}{8}$
c) $\left(\frac{3}{4} - \frac{3}{8}\right) : \left(\frac{3}{8} - \frac{1}{4}\right) = 3$
d) $\left(1 + \left(\frac{2}{3}\right)^2 + \frac{5}{9}\right) \cdot \frac{1}{3} = \frac{2}{3}$
e) $\frac{1}{2} \cdot \left(1 - \frac{5}{3}\right) = -\frac{1}{3}$
f) $\left(\frac{2}{5} + \frac{3}{4}\right) \cdot \left(\frac{1}{23} - \frac{7}{46}\right) = -\frac{1}{8}$

Seite 144 | Aufgabe 9
a) Man kann den Term dadurch vergrößern, dass man die Klammern nach rechts verschiebt:
$\left(-\frac{3^2}{10} + \frac{2}{5}\right) : \frac{1}{4} \cdot \frac{5}{6} = \frac{-5}{3}$; $-\frac{3^2}{10} + \left(\frac{2}{5} : \frac{1}{4}\right) \cdot \frac{5}{6} = \frac{13}{30}$
b) Man kann den Term vergrößern, indem man die Klammer nach links verschiebt:
$-\frac{2^3}{3} \cdot (1{,}5 + 4) \cdot 0{,}5 = \frac{-88}{12}$; $\left(-\frac{2^3}{3} \cdot 1{,}5\right) + 4 \cdot 0{,}5 = -2$
c) Man kann die Klammer um alles vor dem geteilt-Zeichen verschieben:
$0{,}1 + \left(\frac{7}{3}\right)^2 : 0{,}2 = \frac{2459}{90}$; $\left(0{,}1 + \frac{7^2}{3}\right) : 0{,}2 = \frac{493}{6}$

Seite 144 | Aufgabe 10

a)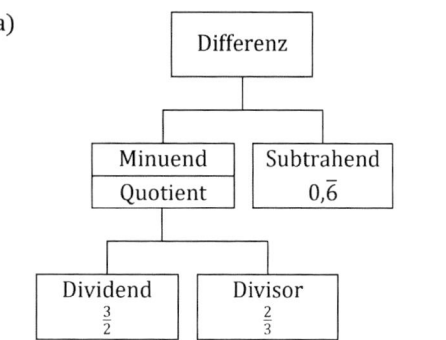

Subtrahiere $0,\overline{6}$ von dem Quotienten aus $\frac{3}{2}$ und $\frac{2}{3}$.

b)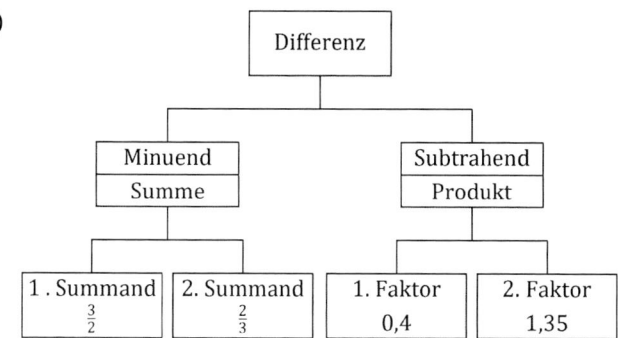

Subtrahiere von der Summe aus $\frac{3}{2}$ und $\frac{2}{3}$ das Produkt von 0,4 und 1,35.

c)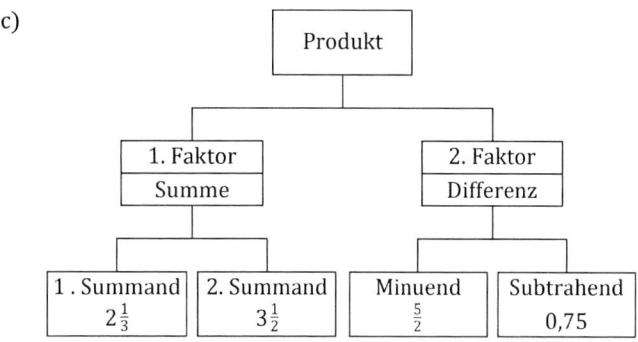

Bilde das Produkt aus der Summe von $2\frac{1}{3}$ und $3\frac{1}{2}$ und der Differenz aus $\frac{5}{2}$ und 0,75.

Seite 144 | Aufgabe 11

a) $\left(\frac{2}{3} + 1\frac{1}{2}\right) + 3 \cdot \left(-2\frac{1}{18}\right) = -4$

b) $\left(3 + \frac{4}{5}\right) - \left(\frac{15}{4} - \frac{3}{5}\right) : 2 = \frac{89}{40} = 2\frac{9}{40}$

c) $(2 + 0,5) \cdot \frac{4}{7} \cdot \frac{1}{3} = \frac{10}{21}$

Seite 145 | Aufgabe 12

$3150 \cdot \left(1 - \frac{3}{7}\right) \cdot \left(1 - \frac{4}{9}\right) = 1000$

Es sind noch 1000 l Öl im Tank.

Seite 145 | Aufgabe 13

a)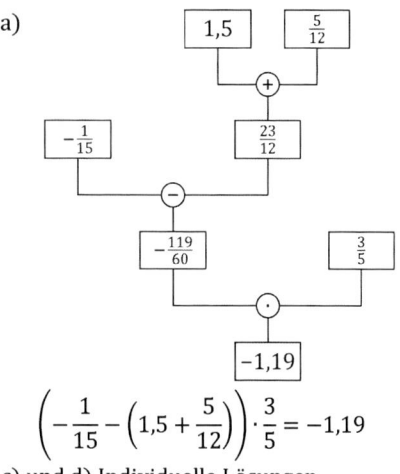

$\left(-\frac{1}{15} - \left(1,5 + \frac{5}{12}\right)\right) \cdot \frac{3}{5} = -1,19$

b)

$\left(3,75 - 1,8375 \cdot 1\frac{5}{7}\right) \cdot 2\frac{2}{3} = 1,6$

c) und d) Individuelle Lösungen

Seite 145 | Aufgabe 14

Der Preis des Handys berechnet sich durch $(50 + 76,66) \cdot \frac{3}{2} = 189,99$.

Das Handy hat 189,99 € gekostet.

Seite 145 | Aufgabe 15

Antonia hat manchmal zu spät und manchmal zu früh gekürzt. Sie hätte sich mit günstigem Kürzen einige Rechnungen sparen können. Auch hätte sie 36 als Hauptnenner von 12 und 18 wählen können.

Lösungen Fokus Mathematik 6

Seite 145 | Aufgabe 16
a) $1\frac{1}{9}$ (Rechne mit Brüchen.) c) -5 (Brüche) e) $2\frac{43}{60}$ (Brüche) g) $\frac{2}{5}$ (Brüche)
b) 2,95 (Dezimalzahlen) d) 3,725 (Dezimalzahlen) f) 2,9 (Dezimalzahlen) h) nicht lösbar (teilen durch 0)

Seite 145 | Aufgabe 17
Man kann zuerst die Längen der beiden Seiten berechnen und sie dann miteinander malnehmen, oder man kann die beiden Teilflächen einzeln berechnen und dann addieren. In beiden Fällen erhält man den gleichen Flächeninhalt.

Seite 146 | Aufgabe 18
a) $66\frac{2}{3}$ b) $\frac{5}{6}$ c) $23\frac{2}{3}$
d) Individuelle Lösungen. Die Termwerte sind:
$\frac{8}{9}$ $-\frac{19}{22}$ $\frac{5}{9}$

Seite 146 | Aufgabe 19
a) $-\frac{1}{10}$ b) $1\frac{3}{5}$ c) $-\frac{1}{6}$ d) $\frac{1}{5}$ e) 1 f) $\frac{32}{135}$
Durch das Ausklammern spart man Rechenaufwand.

Seite 146 | Aufgabe 20
a) $\frac{24}{65}$ b) 1 c) 4 d) -3 e) $-\frac{2}{5}$ f) $12\frac{2}{3}$

Seite 146 | Aufgabe 21
a) Bei der Anwendung des Kommutativgesetzes müssen die Vorzeichen mit den Zahlen verschoben werden.
   Richtig ist: ... $= \frac{8}{11} + \frac{3}{22} - 2,4 + \frac{2}{5} = \frac{19}{22} - 2 = -\frac{25}{22} = -1\frac{3}{22}$
b) Beim Ausklammern muss darauf geachtet werden, dass gilt: $\frac{4}{11} = 1 \cdot \frac{4}{11}$.
   Richtig ist: ... $= \frac{4}{11} \cdot \left(\frac{1}{5} - 1\right) = \frac{4}{11} \cdot \left(-\frac{4}{5}\right) = -\frac{16}{55}$
c) Beim Auflösen von Klammern muss der Faktor vor der Klammer mit jedem Summanden in der Klammer multipliziert werden. Richtig ist: ... $= \frac{5}{9} \cdot \frac{3}{5} + \frac{5}{9} \cdot \frac{6}{7} = \frac{17}{21}$

Seite 146 | Aufgabe 22

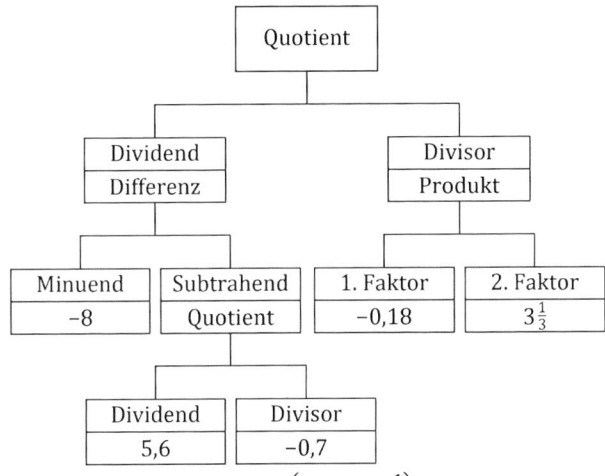

Term: $(-8 - 5,6 : (-0,7)) : \left(-0,18 \cdot 3\frac{1}{3}\right)$

Seite 146 | Aufgabe 23
a) -7 Addiere $-3\frac{1}{2}$ und das Produkt von $2\frac{1}{3}$ und $\left(-\frac{6}{4}\right)$.
b) $-\frac{2}{3}$ Multipliziere 2,8 mit der Differenz aus $\frac{3}{7}$ und $\frac{2}{3}$.
c) 0,315   Addiere zu dem Produkt von 0,12 und $(-0,5)$ den Quotienten aus $\frac{1}{12}$ und $0,\overline{2}$.
d) $1\frac{4}{5}$ Subtrahiere von $\frac{5}{3}$ den Quotienten aus der Differenz von 0,25 und $\frac{1}{2}$ und der Summe aus 1,5 und $\frac{3}{8}$.
e) $4\frac{2}{7}$ Subtrahiere von dem Produkt aus $\frac{10}{11}$ und der Summe aus 2,5 und $\frac{21}{7}$ die Zahl $\frac{5}{7}$.
f) $3\frac{11}{14}$ Subtrahiere von 3,5 die Differenz aus $\frac{5}{7}$ und dem Produkt der Quadratzahl von 1,5 und $0,\overline{4}$.

Seite 147 | Aufgabe 24
a) $10\frac{17}{48}$ b) $8\frac{2}{3}$ c) $-5\frac{5}{8}$ d) 0
Bei c) wird am meisten subtrahiert, deshalb hat c) das kleinste Ergebnis. a) und b) sind größer als d), da die Differenz in der ersten Klammer größer als 0 ist. a) ist größer als b), da beide Summanden in der hinteren Klammer größer als 1 sind.

Seite 147 | Aufgabe 25
a) −4,9212 b) $\frac{115}{594}$ c) $-\frac{193}{90}$

Seite 147 | Aufgabe 26
Amelie hat recht, denn für den ersten Summanden gilt Minus mal Minus gibt Plus und der 2. Summand ist offensichtlich positiv. Eine Summe aus zwei positiven Summanden kann nur positiv sein. Das richtige Ergebnis ist 8,2.

Seite 147 | Aufgabe 27
a) − b) − c) +

Seite 147 | Aufgabe 28
a) z. B.: $1{,}29 \cdot 13 + 0{,}59 \cdot 13 + 26 \cdot 0{,}25$
b) Das Geld reicht nicht, denn die insgesamt 26 Flaschen kosten mit Pfand 30,94 €.

Seite 147 | Aufgabe 29
Die Länge der lässt sich mit $72 \cdot \frac{5}{2} \cdot \frac{7}{6} = 210$ berechnen.
Die Stange ist 210 cm lang. 30 cm befinden sich im Boden, 108 cm im Wasser.
Der See ist also 1 m und 8 cm tief.

Seite 147 | Aufgabe 30
a) $-1\frac{3}{4}$ b) $-\frac{7}{5}$ c) −1
d) −1-mal der beliebigen Zahl e) $-\frac{1}{\text{beliebige Zahl}}$

Methode: Rechenprobleme von Adam Ries lösen

Seite 149 | Aufgabe 1
Der erste zahlt 144 Gulden, der zweite 48 Gulden und der dritte 12 Gulden.

Seite 149 | Aufgabe 2
100 Pfund kosten 61 Ort oder 305 Schilling oder 3660 Heller.
Ein Pfund kostet ohne Rabatt 36,6 Heller (vermutlich also 37 Heller), mit Rabatt dann 32,94 Heller (also vermutlich 33 Heller).

Seite 149 | Aufgabe 3
Für hundert Ellen bekommt er 400 Gulden. Da er pro 100 Gulden 9 verliert, hat er für die 100 Ellen 436 Gulden bezahlt.
Für eine Elle hat er damit 4,36 Gulden bezahlt.

Seite 149 | Aufgabe 4
Der Vater ist 54 Jahre alt.

Seite 149 | Aufgabe 5
Der Händler muss 4 Fuder und 180 Groschen Zoll zahlen.

Seite 150 | Aufgabe 31
$\left(72 + 72 \cdot \frac{4}{3} + 68\right) \cdot 2{,}50\ €\cdot 1{,}25 = 737{,}50\ €$
Am Ende kommen 737,50 € zusammen.

Seite 150 | Aufgabe 32
a) 99 855,00 €
b) Flächeninhalt der Poolwände:
linke Seitenwand: $A_1 = 4{,}5\ m \cdot 1{,}95\ m = 8{,}775\ m^2$
rechte Seitenwand: $A_2 = 4{,}5\ m \cdot 1{,}25\ m = 5{,}625\ m^2$
Vorder- und Hinterwand (bestehen aus einem Rechteck und einem Dreieck mit der Höhe 1,95 m - 1,25 m = 0,7 m)
$A_3 = 12{,}5\ m \cdot 1{,}25\ m + \frac{1}{2} \cdot 12{,}5\ m \cdot 0{,}7\ m = 20\ m^2$
Boden (die Länge der schrägen Seite wird an einer maßstäblichen Skizze bestimmt): $A_4 \approx 4{,}5\ m \cdot 12{,}52\ m = 56{,}34\ m^2$
Gesamtflächeninhalt: $A = A_1 + A_2 + 2 \cdot A_3 + A_4 = 110{,}74\ m^2$; $110{,}74\ m^2 : 12{,}5\ m^2 \approx 9$
Man benötigt 9 Dosen Farbe, die 170,55 € kosten.

Seite 150 | Aufgabe 33
a) − b) − c) + d) −

Seite 150 | Aufgabe 34
$\left(-\frac{7}{20}\right) \cdot \left(-\frac{2}{3}\right) : \frac{14}{55}$; der rote und der lila Term haben ein negatives Ergebnis, der dunkelgelbe Term ist größer als 1, und der hellgelbe Term ist eine abbrechende Dezimalzahl. Also bleibt der blaue Term übrig.

Seite 150 | Aufgabe 35
a) Groß: −; Klein: · b) Groß: ·; Klein: + c) Groß: +; Klein: − d) Groß: −, :; Klein: +, −

Lösungen Fokus Mathematik 6

Seite 151 | Aufgabe 36
a) Ja, man kann zum Beispiel das erste Minus durch ein Plus ersetzen und so den Wert des Terms verkleinern. Indem man statt dem Geteilt- ein Malzeichen setzt, wird der Wert des Terms größer.
b) Der Termwert wird größer, da im positiven Minuenden nun durch eine kleinere Zahl geteilt wird, also mit einer größeren Zahl (Kehrwert) multipliziert wird.

Seite 151 | Aufgabe 37
a) Ja, denn es gilt: $(3{,}2 - 3{,}2) \cdot \frac{3}{4} : \left(1\frac{5}{6} - \frac{17}{6}\right) = 0 \cdot \frac{3}{4} : (-1) = 0$
b) Der Termwert wird dadurch positiv, er verändert sich von $-0{,}8$ zu $\frac{16}{15}$.

Seite 151 | Aufgabe 38
a) Alexej hat die Regel „Punkt- vor Strichrechnung" nicht beachtet. Evas und Stellas Ansätze sind richtig.
b) Der Termwert ist $-5\frac{2}{7}$. Individuelle Erläuterungen.

Seite 151 | Aufgabe 39
a) $\left(2{,}5 - \frac{2}{8}\right) : \frac{1}{8} = \left(2{,}5 - \frac{2}{8}\right) \cdot 8 = 2{,}5 \cdot 8 - \frac{2}{8} \cdot 8$
Da man durch einen Bruch dividiert, indem man mit dem Kehrwert multipliziert, kann man die Rechnung auf eine Multiplikation zurückführen. Für Multiplikationen gilt das Distributivgesetz.
b) Ja, das ist möglich. Allerdings müsste man den Kehrwert des Divisors bilden $\left(\frac{1}{2{,}5-\frac{3}{8}}\right)$ und würde ein Produkt mit einem sehr komplizierten zweiten Faktor erhalten.

Seite 151 | Aufgabe 40
a) Finn rechnet von rechts nach links, Sarah von links nach rechts. Da das Kommutativgesetz für die Multiplikation gilt, sind beide Wege richtig. Allerdings hat Sarahs Weg den Vorteil, dass sie früh kürzen kann und so im letzten Schritt $\frac{1}{2}$ als Faktor erhält. Finn berechnet nacheinander zwei Anteile, Sarah berechnet zuerst den Gesamtanteil $\frac{1}{2}$ an der Gesamtheit 105.
b) $\frac{3}{5} \cdot \frac{5}{8} \cdot 16 = \frac{3}{8} \cdot 16 = 6$; individuelle Skizzen, z. B.

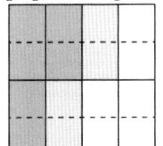

Seite 151 | Aufgabe 41
$3{,}5 - 3{,}5 \cdot \frac{4}{7}$ Mit diesem Term wird die Fläche des Waldstücks berechnet.

$3{,}5 \cdot \frac{3}{7} \cdot \left(1 - \frac{1}{3} - 0{,}42\right)$ Mit diesem Term wird die Fläche berechnet, die mit Fichten bepflanzt ist.

$3{,}5 \cdot \frac{4}{7}$ Mit diesem Term wird die Fläche der Naturzone berechnet, die nicht zum Waldstück gehört.

Seite 152 | Aufgabe 42
Anzahl der Säckchen: $93 : \left(1 - \frac{2}{5}\right) \cdot \left(1 - \frac{1}{6}\right) = 186$
$186 \cdot 1{,}5\ € = 279\ €$
Die Klasse kann 279 € einnehmen.

Seite 152 | Aufgabe 43
Der Saft besteht zu $\frac{2}{3}$ nicht aus Bananensaft, also zu je $\frac{2}{3} : 3 = \frac{2}{9}$ aus Mango-, Erdbeer- und Limettensaft. 80 ml Erdbeersaft würden also für den Anteil Erdbeersaft an 360 ml Cocktail reichen, 150 ml Bananensaft für 450 ml Cocktail. Michele kann also 360 ml von ihrem Lieblingsgetränk mixen. Es besteht dann aus 120 ml Bananensaft und je 80 ml Mango-, Erdbeer- und Limettensaft.

Seite 152 | Aufgabe 44
a) Hier beziehen sich die 49 % auf alle Schüler in Deutschland, die 54 % auf alle Schüler in der Sekundarstufe II. Wenn mehr Jungen die Schule vor der Sekundarstufe II verlassen, können die Angaben stimmen.
b) In der Sekundarstufe II lernen (gerundet) 563 727 Schülerinnen.

Seite 152 | Aufgabe 45
Beispiellösung: $\frac{1}{420}$

$\begin{array}{ccc} & 2 & 1 \\ \frac{1}{210} & -11 & \frac{1}{420} \\ & -11 & -22 \\ & \frac{-11}{210} & \end{array}$

In den Reihen unten rechts und unten links können jeweils Zahlen gewählt werden, die Vielfache von -11 bzw. $\frac{1}{210}$ sind. In Es gibt unendlich viele solcher Lösungen.

Seite 152 | Aufgabe 46
a) $\left(4 \cdot \left(-4\frac{1}{16}\right) + 14\frac{3}{4}\right) : \frac{-689}{749\,955} = -1{,}5 \cdot \frac{749\,955}{-689} = \frac{2\,249\,865}{1378}$ b) 0

Lösungen Fokus Mathematik 6

7. Rauminhalte

7.1 Volumenvergleich und Volumeneinheiten

Seite 158 | Einstieg
Roter Körper: 9 Würfel
Grüner Körper: 7 Würfel
Blauer Körper: 8 Würfel
Gelber Körper: 8 Würfel
Lila Körper: 9 Würfel
Brauner Körper: 8 Würfel

Seite 160 | Aufgabe 1
a) Blauer Körper: 32 Würfel
Roter Körper: 36 Würfel
Grüner Körper 18 Würfel
b) Um den Oberflächeninhalt der Körper zu berechnen, sollten alle Außenflächen separat berechnet und dann addiert werden.
c) Das Volumen verkleinert sich, da nun eine Art Loch in dem Körper ist, das nicht mehr zum Volumen gehört.

Seite 161 | Aufgabe 2
Berechne zunächst alle Volumina und ordne sie dann der Größe nach:
Blauer Körper: 20 Bausteine < Roter Körper: 24 Bausteine = Grüner Körper: 24 Bausteine < Gelber Körper: 26 Bausteine

Seite 161 | Aufgabe 3
Blauer Körper: 6 VE (= Volumeneinheiten)
Roter Körper: 4 VE
Grüner Körper: 5 VE
Gelber Körper: 4 VE

Seite 161 | Aufgabe 4
a) 20 Einheitswürfel
b) 17 Einheitswürfel
c) 9,5 Einheitswürfel

Seite 161 | Aufgabe 5
individuelle Lösungen

Seite 161 | Aufgabe 6
a) 8000 mm²
b) 3 200 000 mm²
c) 2,486 cm³
d) 0,40781 m³
e) 890 500 cm³
f) 0,000105 m³

Seite 161 | Aufgabe 7
a) 2,04 dm³
b) 356,035 cm³
c) 7,345002 dm³
d) 1000,234 cm³
e) 30 000,03 dm³
f) 4005,006 cm³

Seite 161 | Aufgabe 8
a) 20 400 l
b) 2,4 l
c) 156,08 hl
d) 140 hl
e) 407 810 cm³
f) 70,9 ml

Seite 162 | Aufgabe 9
a) 90 000 mm³ = 90 cm³ = 0,09 dm³
b) 6340 cm³ = 6,34 dm³ = 0,00634 m³
c) 42 000 ml = 42 l = 0,42 hl
d) 87 600 mm³ = 87,6 ml = 0,0876 l
e) 5,6 mm³ = 0,0056 cm³ = 0,0000056 dm³
f) 10 000 000 ml = 10 000 l = 100 hl

Seite 162 | Aufgabe 10
Apfel: 500 ml   Flasche: 900 cm³   Eimer: 10 l   Rucksack: 30 dm³
Kiste: 67 dm³   Badewanne: 160 l   Kofferraum: 480 l   Zimmer: 45 m³

Seite 162 | Aufgabe 11
a) Die Umrechnung von dm³ in cm³ ist falsch. 4 dm³ entsprechen 4000 cm³, daher lautet die richtige Lösung dieser Aufgabe: 4200 cm³
b) Die Umrechnung ist falsch. 1000 mm³ entsprechen 1 cm², also sind 1034 mm³ = 1,034 cm³
c) Diese Aufgabe wurde richtig gelöst.
d) Die richtige Lösung lautet: 2 dm³ + 50 cm³ = 2,05 l

Seite 162 | Aufgabe 12
1. Gruppe: 205 000 cm³ = 205 l = 0,205 m³ = 205 000 000 m³
2. Gruppe: 2,050 m³ = 2050 l
3. Gruppe: 0,000205 dm³ = 205 mm³ = 0,205 ml
4. Gruppe: 2005 l = 20 hl 5000 ml

Lösungen Fokus Mathematik 6

Seite 162 | Aufgabe 13
Beispiellösungen:
a) Diese Rechnung gilt für die meisten nächstkleineren Volumeneinheiten, etwa m^3 und dm^3, dm^3 und cm^3, cm^3 und mm^3 oder l und ml.
b) Diese Rechnung gilt für: cm^3 und ml, dm^3 und l
c) Hier lassen sich die meisten Einheiten und ihre nächstgrößeren Einheiten eintragen: 2050 ml = 2 l 50 ml; ebenso für dm^3 und m^3, cm^3 und dm^3, mm^3 und cm^3.
d) $8 m^3$ $40 cm^3 = 8\,000\,040\, cm^3$ und $8 dm^3$ $40 mm^3 = 8\,000\,040\, mm^3$
e) Diese Rechnung gilt für die meisten nächstgrößeren Volumeneinheiten, für dm^3 und dm^3, cm^3 und dm^3, mm^3 und cm^3 sowie ml und l.
f) 75 hl 17 l = 7517 l

Seite 163 | Aufgabe 14
a) $1567{,}3\, cm^3 = 1{,}5673\, dm^3 \approx 2\, dm^3$
b) $34\,758\, dm^3 = 34{,}758\, m^3 \approx 35\, m^3$
c) $8\,742\,150\, dm^3 = 8742{,}15\, m^3 \approx 8742\, m^3$
d) $4\,769\,004\, dm^3 = 47\,690{,}04\, hl \approx 47690\, hl$
e) $45\,600\, mm^3 = 0{,}0456\, l \approx 0\, l$
f) $4837\, l = 48{,}37\, hl \approx 48\, hl$

Seite 163 | Aufgabe 15
a) $45\, cm^3$
b) $42\, cm^3$
c) $199{,}999993\, m^3$
d) $1{,}521\, m^3$
e) $490{,}005\, cm^3$
f) $17{,}7\, m^3$

Seite 163 | Aufgabe 16
a) $2{,}104\, m^3$
b) $1{,}517\, cm^3$
c) $59\, dm^3$
d) $23{,}997\, m^3$
e) $10\,000\, cm^3$

Seite 163 | Aufgabe 17
Individuelle Lösungen.
Beispiel: 2 mal 4 Blumenkästen der Länge 100 cm für die beiden Seiten. Dann bleiben für die Front noch 2,68 m, die mit 2 Blumenkästen der Länge 100 cm und einem Blumenkasten der Länge 50 cm ausgefüllt werden können.
Das Volumen dieser Kombination ist insgesamt $10 \cdot (100\, cm \cdot 20\, cm \cdot 16\, cm) + (50\, cm \cdot 20\, cm \cdot 16\, cm) = 336\,000\, cm^3 = 336\, l$.
Familie Geister muss also 34 Säcke Blumenerde kaufen.

Seite 164 | Aufgabe 18
a) ① $21\, cm^3$ ② $21\, cm^3$ ③ $21\, cm^3$
b) Es stehen insgesamt 63 Würfel zur Verfügung. Für einen Würfel mit der Kantenlänge von 4 kleineren Würfeln werden 64 Würfel gebraucht. Es fehlt also nur ein Würfel.

Seite 164 | Aufgabe 19
a) ① 5 Würfel, $40\, cm^3 = 40$ ml. Der Wasserstand zeigt 140 ml = 0,14 l an.
② 7 Würfel, $56\, cm^3 = 56$ ml. Der Wasserstand zeigt 156 ml = 0,156 l an.
③ 9 Würfel, $72\, cm^3 = 72$ ml. Der Wasserstand zeigt 172 ml = 0,72 l an.
b) 135 ml und 205 ml können nicht richtig sein. Nach Abzug der 100 ml, die bereits im Becher waren, lassen sich die Volumina nicht glatt durch $8\, cm^3$ teilen.
220 ml können jedoch ein möglicher Wert sein, der mit 15 Würfeln erreicht werden kann.

Seite 164 | Aufgabe 20
Individuelle Lösungen.
Es bieten sich beispielsweise 5 Flaschen Limonade an. So könnte jedes Kind 5 Gläser trinken: $200\, ml \cdot 9 \cdot 5 = 9000\, ml = 9\, l$.

Seite 164 | Aufgabe 21
a) $1000\, dm^3 : 25\, dm^3 = 40$
b) $2430\, cm^3 = 90 = 27\, cm^3$
c) $4500\, ml : 0{,}15\, ml = 30\,000$
d) $6{,}73\, m^3 \cdot 12 = 80{,}76\, m^3$
Individuelle Lösungen für die Beispiele.

Seite 164 | Aufgabe 22
a) Annahme: Ein Tropfen Wasser enthält etwa 0,05 ml
Ein Tag hat $24 \cdot 60 \cdot 60 = 86\,400$ Sekunden, somit werden 28 800 Tropfen verschwendet, das entspricht $28\,800 \cdot 0{,}05\, ml = 1440\, ml$.
Somit werden täglich ca. 1,44 l verschwendet.
b) individuelle Lösungen

Seite 164 | Aufgabe 23
Ein Liter Orangensaft kostet bei der linken Flasche 1,77 €, bei der mittleren 1,73 € und bei der rechten Flasche 1,89 €.
Auf den Literpreis bezogen ist der mittlere Orangensaft mit 1,73 € pro Liter der günstigste.

Seite 165 | Aufgabe 24
a) Auf dem oberen Deck befinden sich schätzungsweise 650 Container, dementsprechend fasst das ganze Schiff etwa 1300 Container. Das entspricht einem Ladevolumen von $1300 \cdot 70\, m^3 = 91\,000\, m^2$.

b) individuelle Lösungen

Seite 165 | Aufgabe 25

a) Nein, die beiden haben falsche Werte eingetragen. Entweder, sie ändern die Einheit im Kopf der Tabelle von cm in dm, oder sie müssen die eingetragenen Werte um den Faktor 10 vergrößern.

l in dm	b in dm	h in dm	O in dm²	V in dm³
3	4	2	52	24
2	6	2	56	24
1	12	2	76	24
1	24	1	98	24
1	3	8	70	24
1	4	6	68	24

b) Individuelle Lösungen, z. B.: Der Oberflächeninhalt ändert sich, das Volumen bleibt aber stets gleich.

Seite 165 | Aufgabe 26

a) Bei einem Würfel mit einem Oberflächeninhalt von 24 cm² hat eine Seitenfläche den Flächeninhalt 24 cm² : 6 = 4 cm², damit ist eine Kante der kleinen Würfel 2 cm lang.
Das Volumen des großen Würfels aus acht solcher kleinen Würfel beträgt damit $8 \cdot (2 \text{ cm})^3 = 8 \cdot 8 \text{ cm}^3 = 64 \text{ cm}^3$.
Die Quader haben jeweils ein Volumen von $3 \text{ cm} \cdot 3 \text{ cm} \cdot 1 \text{ cm} = 9 \text{ cm}^3$, setzt man sieben von ihnen zusammen, kommt man nur auf $9 \text{ cm}^3 \cdot 7 = 63 \text{ cm}^3$. Man kann aus diesen Körpern also keinen Würfel mit dem Volumen 64 cm³ bauen.

b) Ein Würfel mit 150 cm² Oberfläche hat eine Seitenfläche den Flächeninhalt 150 cm² : 6 = 25 cm², damit ist eine Kante des Würfels 5 cm lang. Somit beträgt das Volumen von $5^3 \text{ cm}^3 = 125 \text{ cm}^3$.
Das Volumen der Quader ist abhängig von ihrer Höhe. Bei einer Höhe von $1\frac{1}{24}$ cm beträgt es insgesamt $6 \cdot 4 \text{ cm} \cdot 5 \text{ cm} \cdot 1\frac{1}{24} \text{ cm} = 125 \text{ cm}^3$, damit füllt es das Volumen des Würfels aus. Allerdings gibt es keine Möglichkeit, die Quader so zusammenzulegen, dass sie einen Würfel bilden.

Seite 165 | Aufgabe 27

Die Seitenflächen des Türstoppers bestehen angenähert aus einem Rechteck mit den Seitenlängen 6 cm und 3 cm und einem Dreieck mit der Grundseite 6 cm und der Höhe 3 cm.
Damit ergibt sich das geschätzte Volumen des Türstoppers: $6 \text{ cm} \cdot \left(6 \text{ cm} \cdot 3 \text{ cm} + \frac{1}{2} \cdot 6 \text{ cm} \cdot 3 \text{ cm}\right) = 162 \text{ cm}^3$
162 cm³ = 0,162 dm³. Somit wiegt der Türstopper etwa 7,85 kg · 0,162 ≈ 1,27 kg.

Seite 165 | Aufgabe 28

a)

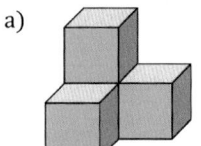

b) Beispiellösungen:

 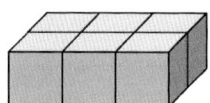 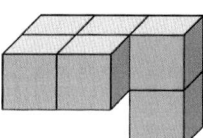

Methode: Reale Probleme lösen – Modellieren

Seite 167 | Aufgabe 1

Der Rucksack ist in etwa so hoch wie der Oberkörper des Mannes daneben, also etwa 1 m = 10 dm.
Er ist etwa 2 dm breit und 3 dm tief.
Sein Volumen beträgt damit $10 \text{ dm} \cdot 2 \text{ dm} \cdot 3 \text{ dm} = 60 \text{ dm}^3 = 60 \text{ l}$

Seite 167 | Aufgabe 2

Es muss geschätzt werden, wie viele Autos im 10 km langen Stau stehen – hierzu muss eine Autolänge festgelegt werden. Weiterhin muss festgelegt werden, ob es sich um eine zwei- oder dreispurige Autobahn handelt. Schätze danach, wie viele Leute im Schnitt in den Autos sitzen – sind die Fahrer allein, oder sind es Fahrgemeinschaften?
Beispiellösung: Bei einer zweispurigen Autobahn, auf der alle 10 m ein Auto steht, in dem durchschnittlich 2 Personen sitzen, sind 1000 · 2 · 2 = 4000 Personen im Stau. Bei 200 ml Tee pro Person sind das 800 l Tee.

7.2 Volumen eines Quaders

Seite 168 | Einstieg

Insgesamt müssen 55 Würfel verstaut werden, die gestapelt ein Volumen von 55 cm³ beanspruchen. Die blaue Kiste ist mit einem Volumen von 54 cm³ zu klein, ebenso die grüne, die auch ein Volumen von 54 cm³ aufweist.

Die rote Kiste hat ein Volumen von 60 cm³ und kann somit alle Würfel aufnehmen.

Seite 170 | Aufgabe 1
a) 240 cm³ = 240 ml
b) 540 dm³ = 540 l
c) 729 mm³ = 0,729 ml
d) 1485 dm³ = 1485 l

Seite 170 | Aufgabe 2
a) 960 cm³
b) 680 mm³
c) 129,6 cm³
d) 1404 cm³
e) 1,428 m³
f) 0,138 m³

Seite 170 | Aufgabe 3
a) V = 1331 cm³
b) Kantenlänge: 2 cm; V = 8 cm³
c) Kantenlänge: 13 mm; V = 2197 mm³

Seite 170 | Aufgabe 4
a) V = 18 cm³
b) h = 3 cm
c) b = 120 m
d) l = 5000 dm

Seite 170 | Aufgabe 5
Individuelle Lösungen. Mögliche Lösungen:
a) 1 cm · 1 cm · 1 cm = 1 cm³
b) 20 cm · 30 cm · 2 cm = 1200 cm³
c) 3 cm · 1 cm · 4 cm = 12 cm³
d) 10 cm · 5 cm · 0,5 cm = 25 cm³
e) 10 m · 6 m · 3,5 m = 210 m³
f) 6 cm · 9 cm · 0,5 mm = 2,7 cm³

Seite 170 | Aufgabe 6
Beispiellösung:
Mögliche Maße für die kleine Schachtel: 5 cm · 8 cm · 1 cm = 40 cm³
Von diesen Schachteln passen 4 · 4 = 16 Schachteln auf den Boden der großen Schachtel, wenn dieser Boden die Maße 3,2 dm · 2,0 dm hat. In die Höhe von 1,6 dm passen dann 16 Ebenen. Insgesamt sind in der großen Schachtel dann 4 · 4 · 16 = 256 Schachteln.
In 256 Schachteln passen 17 920 Deko-Marienkäfer.

Seite 171 | Aufgabe 7
a) Gelber Quader: 36 cm³ = Blauer Quader: 36 cm³ > Grüner Quader: 30 cm³
b) Blauer Quader: 72 cm² > Grüner Quader: 67 cm² > Gelber Quader: 66 cm²
c) Individuelle Lösungen. Ein größeres Volumen bedeutet nicht unbedingt eine größere Oberfläche.

Seite 171 | Aufgabe 8
Die von Paul aufgestellte Behauptung gilt nur im Fall eines Würfels mit der Kantenlänge 6. Im Allgemeinen ist sie falsch. So ist z. B. bei einem Würfel mit der Kantenlänge 2 cm das Volumen 8 cm³, die Oberfläche dagegen 24 cm².

Seite 171 | Aufgabe 9
a) Kantenlänge: 4 dm; Volumen: 64 dm³
b) Kantenlänge: 9 m; Volumen: 729 m³
c) Kantenlänge 2,5 cm; Volumen: 15,625 cm³
d) Quader mit verschiedenen Seitenlängen können den gleichen Oberflächeninhalt haben.

Seite 171 | Aufgabe 10
a) Der Rauminhalt versechsfacht sich.
b) Der Rauminhalt verachtfacht sich.
c) Der Rauminhalt versechsfacht sich.

Seite 171 | Aufgabe 11
Das Becken ist etwa 2,5 m lang und 1,5 m breit, das Wasser steht etwa 0,5 m hoch.
Das Wasser hat also ein Volumen von 25 dm · 15 dm · 5 dm = 1875 dm³ = 1875 l.
Mit einer Gießkanne mit 8 l Fassungsvermögen muss man also 235-mal laufen.

Seite 171 | Aufgabe 12
Eine Niederschlagsmenge von 65 l pro Quadratmeter entspricht bei einem Quader mit einer Grundfläche von 1 m² einer Höhe von 0,65 dm. Der Fluss steigt also um 6,5 cm an und erreicht somit nicht die Grenze für eine Überschwemmungsgefahr.

Seite 171 | Aufgabe 13
Anita hat die Einheiten der Kantenlängen nicht aneinander angepasst. Die richtige Rechnung lautet:
V = 30 cm · 20 cm · 1,5 cm = 900 cm³.

Seite 172 | Aufgabe 14
Maren hat zunächst den Quader als Ganzes berechnet und dann das Volumen der Aussparung abgezogen.
Josef hat den Körper in mehrere kleinere Quader eingeteilt und die Volumina einzeln berechnet.

Seite 172 | Aufgabe 15
a)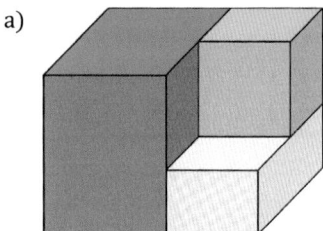

b) Der Quader kann erst als Ganzes berechnet und das Volumen der Aussparung abgezogen werden. Man hat dann nur eine Subtraktion statt zweier Additionen.
$V = 5\text{ cm} \cdot 7\text{ cm} \cdot 4\text{ cm} - 3\text{ cm} \cdot 2\text{ cm} \cdot 3\text{ cm} = 122\text{ cm}^3$
c) Der Oberflächeninhalt beträgt $O = 166\text{ cm}^2$.

Seite 172 | Aufgabe 16
a) Gelber Körper: $V = 5\text{ cm} \cdot 5\text{ cm} \cdot 2\text{ cm} - 2\text{ cm} \cdot 2\text{ cm} \cdot 2\text{ cm} = 42\text{ cm}^3$
Grüner Körper: $V = 210\text{ cm} \cdot 60\text{ cm} \cdot 40\text{ cm} + 70\text{ cm} \cdot 40\text{ cm} \cdot 40\text{ cm} = 616\,000\text{ cm}^3$
Blauer Körper: $V = 4\text{ cm} \cdot 4\text{ cm} \cdot 4\text{ cm} - 2\text{ cm} \cdot 2\text{ cm} \cdot 4\text{ cm} = 48\text{ cm}^3$
Individuelle Begründungen.
b) Rick berechnet den Oberflächeninhalt eines Würfels ohne Loch und zieht dann etwas ab. Dieser Ansatz funktioniert nur beim Volumen, die Oberfläche eines Körpers wird durch eine Aussparung oft sogar größer. In diesem Fall müssen vom Oberflächeninhalt des „Würfels ohne Loch" zwei Quadrate abgezogen und vier Rechtecke addiert werden. Richtig ist:
$O = 6 \cdot 4\text{ cm} \cdot 4\text{ cm} - 2 \cdot 2\text{ cm} \cdot 2\text{ cm} + 4 \cdot 2\text{ cm} \cdot 4\text{ cm} = 120\text{ cm}^2$

Seite 172 | Aufgabe 17
Der linke Körper ist breiter als der rechte Körper, allerdings sind die Aussparungen, die zum vollen Quader fehlen, beim linken Körper minimal größer. Tatsächlich hat der linke Körper mit 36 VE ein größeres Volumen als der rechte mit 30 VE.

Seite 172 | Aufgabe 18
Individuelle Lösungen

Seite 173 | Aufgabe 19
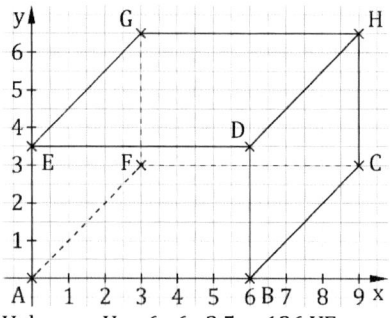
Volumen: $V = 6 \cdot 6 \cdot 3,5 = 126\text{ VE}$
Oberflächeninhalt: $O = 2 \cdot (6 \cdot 6 + 6 \cdot 3,5 + 6 \cdot 3,5) = 156\text{ FE}$

Seite 173 | Aufgabe 20
Die Grundfläche G setzt sich aus dem Produkt der Länge und der Breite des Quaders zusammen. Somit entspricht $G = l \cdot b$, also $V = G \cdot h = l \cdot b \cdot h$

Seite 173 | Aufgabe 21
a) Die Figuren entsprechen jeweils genau der Hälfte eines Quaders. Antonia muss also zunächst das Volumen des Quaders berechnen und dieses dann durch 2 teilen.
b) ① $\frac{2880\text{ cm}^3}{2} = 1440\text{ cm}^3$ ② $\frac{30\,000\text{ dm}^3}{2} = 15\,000\text{ dm}^3$ ③ $\frac{160\text{ dm}^3}{2} = 80\text{ dm}^3$

Seite 173 | Aufgabe 22
Volumen des Dachbodens: $V = G \cdot h = (8\text{ m} \cdot 1,6\text{ m} + 0,5 \cdot 8\text{ m} \cdot 3,12\text{ m}) \cdot 9\text{ m} = 227,52\text{ m}^3$
Die Heizleistung muss also $227,52 \cdot 30 = 6825,6$ Watt betragen.

Seite 174 | Aufgabe 23
a) $V = 12,6\text{ m} \cdot 5,4\text{ m} \cdot 5,6\text{ m} + 2 \cdot 6,3\text{ m} \cdot 0,7\text{ m} \cdot 5,4\text{ m} \cdot 0,5 = 404,838\text{ m}^3$
b) $V = 6\text{ cm} \cdot 2\text{ cm} \cdot 4,4\text{ cm} + 5,3\text{ cm} \cdot 4,4\text{ cm} \cdot 2\text{ cm} + 5,3\text{ cm} \cdot 4,4\text{ cm} \cdot 2\text{ cm} \cdot 0,5 = 122,76\text{ m}^3$

Seite 174 | Aufgabe 24
a) Sinnvoll, die Rechnung könnte das Volumen eines Körpers mit gegebener Grundfläche bestimmen.

b) Sinnvoll, die Rechnung könnte eine gesuchte Länge bei gegebener Fläche bestimmen.
c) Nicht sinnvoll.
d) Nicht sinnvoll.
e) Nicht sinnvoll.
f) Sinnvoll, die Rechnung könnte die gesuchte Höhe eines Quaders bei gegebenen Volumen und gegebener Grundfläche bestimmen.

Seite 174 | Aufgabe 25

a) Die Maße der Pralinen kann man mithilfe des Fingernagels schätzen. Eine der Pralinen hat etwa ein Volumen von
$V = 1{,}5 \text{ cm} \cdot 1{,}5 \text{ cm} \cdot 1 \text{ cm} = 2{,}25 \text{ cm}^3$, das Volumen der vier Pralinen beträgt also 9 cm^3.
Die äußere Verpackung hat in etwa das Volumen $V = 6 \text{ cm} \cdot 6 \text{ cm} \cdot 2 \text{ cm} = 72 \text{ cm}^3$
Der Freiraum beträgt damit 63 cm^3, das sind 87,5 % des Gesamtvolumens.

b) Es könnte zum Beispiel mehr Freiraum nötig sein, damit der Kunde die Pralinen besser der Verpackung entnehmen kann, oder damit die Pralinen vor Erschütterungen geschützt sind.

Seite 174 | Aufgabe 26

(1) Das ist falsch. Oberflächeninhalt und Rauminhalt eines Würfels hängen nicht auf diese Weise zusammen.
(2) Diese Aussage ist ebenfalls falsch.
(3) Diese Aussage ist wahr. Für den Rauminhalt gilt nämlich: $V = a^3$, $V' = (2a)^3 = 8a^3 = 8 \cdot V$
Für den Oberflächeninhalt gilt: $O = a^2 \cdot 6$, $O' = (2a)^2 \cdot 6 = 4a^2 \cdot 6 = 4 \cdot O$

Seite 174 | Aufgabe 27

Volumen ganzer Quader: $V_{\text{ganzerQuader}} = 12 \cdot 11 \cdot 8 = 1056$
Volumen der Aussparungen: $V_{\text{Aussparungen}} = 3 \cdot 3 \cdot 11 + 0{,}5 \cdot 3 \cdot 3 \cdot 6 + 0{,}5 \cdot 3 \cdot 6 \cdot 2 + 2 \cdot 2 \cdot 6 + 8 \cdot 5 \cdot 2 + 2 \cdot 4 \cdot 5 = 288$
Restliches Volumen des Werkstücks: $1056 \text{ cm}^3 - 288 \text{ cm}^3 = 768 \text{ cm}^3$.

8. Prozentrechnung, Diagramme und Daten

8.1 Grundlagen der Prozentrechnung

Seite 180 | Einstieg
In 100 ml Cola sind 10,6 g Zucker enthalten, in 200 ml also 21,2 g.
Max hat also schon den folgenden Anteil der empfohlenen täglichen Höchstmenge Zucker zu sich genommen: $\frac{21{,}2\,g}{25\,g} = 0{,}848$, das sind 84,8 %. Die verbleibenden 3,8 g Zucker sind in 35,8 ml Cola enthalten, mehr sollte Max also heute wirklich nicht mehr trinken.

Seite 183 | Aufgabe 1
a)
20
Grundwert: 20; Prozentwert: 2; Prozentsatz: 10 %

b)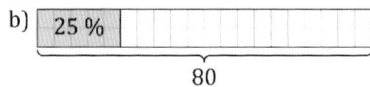
80
Grundwert: 80; Prozentwert: 20; Prozentsatz: 25 %

c)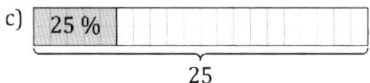
25
Grundwert: 25 kg; Prozentwert: 5 kg; Prozentsatz: 20 %

d)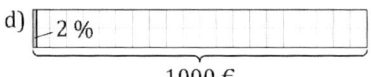
1000 €
Grundwert: 1000 €; Prozentwert: 20 €; Prozentsatz: 2 %

Seite 183 | Aufgabe 2
a) Grundwert: 25; Prozentwert: 14; Prozentsatz: 56 %
b) Grundwert: 75; Prozentwert: 48; Prozentsatz: 64 %
c) Grundwert: 129 €; Prozentwert: 90,30 €; Prozentsatz: 70 %
d) Prozentsatz: 87 %, Grundwert und Prozentwert sind nicht angegeben,

Seite 183 | Aufgabe 3
a) 200
b) 21
c) 900 g
d) 14 €
e) 0,16 km = 160 m
f) 0,99 kg = 990 g
g) 0,1 h = 6 min
h) 1,44 hl
i) 3,2 m²
j) 240 €
k) 0,255 l
l) 59,85 €

Lösungswort: Gummibärchen

Seite 183 | Aufgabe 4
a) 7 €, 14 €, 28 €, 42 €
b) 40 m, 80 m, 100 m, 180 m

Seite 183 | Aufgabe 5
a) Prozentwert = Grundwert · Prozentsatz = 750 · 0,32 = 240
Beispielaufgabe:
In einer Umfrage haben 32 % von 750 Personen angegeben, sich vegetarisch zu ernähren. Gib die Anzahl der Personen an.
b) Prozentwert = Grundwert · Prozentsatz = 1,03 · 12 000 = 12 360
Beispielaufgabe: Mark legt 12 000 € zu jährlich 3 % Zinsen auf einem Sparkonto an. Gib sein Guthaben nach einem Jahr an.

Seite 183 | Aufgabe 6
Während Maya die Aufgabe mit der Schlussrechnung löst, wandelt Steffi den Prozentsatz zunächst in einen Bruch um und berechnet dann den gesuchten Bruchteil des Grundwertes. Beide Lösungswege sind richtig.

Seite 184 | Aufgabe 7
a) 1200 g
b) 270 m
c) 135 min
d) 90 kg
e) 88 m²
f) 8,50 €
g) 200 ct
h) 4800 km
i) 180 l
j) 20 dm³

Seite 184 | Aufgabe 8
a) Grundwert = 300 km
b) Grundwert = 150 Stück
c) Grundwert = 200 ct = 2 €
d) Grundwert = 526 €
e) Grundwert = 9 m

Seite 184 | Aufgabe 9

a) Grundwert = Prozentwert · Prozentsatz = 12 · 0,3 = 40
   Beispielaufgabe:
   In Klassenstufe 6 haben 12 Schüler und Schülerinnen in Mathe eine bessere Note als 3 auf dem Zeugnis. Das sind 30 %. Gib an, wie viele Kinder in der Klasse sind.
b) Grundwert = Prozentwert : Prozentsatz = 99 760 : 0,58 = 172 000
   In einer Umfrage haben 58 % der Befragten angegeben, kein Auto zu besitzen. Das entspricht 99 760 Personen. Gib an, wie viele Personen befragt wurden.

Seite 184 | Aufgabe 10

Elisa und Franka haben richtig gerechnet. Elisa hat die Schlussrechnung verwendet, um den Grundwert zu ermitteln, Franka hat die Rechnung umgekehrt. Angelique hat in ihrer Rechnung vergessen, den Prozentsatz in eine Dezimalzahl umzuwandeln:
Grundwert = 5160 € : 0,2 = 25 800 €

Seite 184 | Aufgabe 11

a) Prozentsatz = 0,2 = 20 %   c) Prozentsatz = 0,17 = 17 %   e) Prozentsatz = 0,2 = 20 %   g) Prozentsatz = 1 = 100 %
b) Prozentsatz = 0,32 = 32 % d) Prozentsatz = 0,25 = 25 %   f) Prozentsatz = 0,05 = 5 %   h) Prozentsatz = 0,1 = 10 %

Seite 184 | Aufgabe 12

a) Prozentsatz = 125 g : 1010 g ≈ 0,124 = 12,4 %
b) Prozentsatz = 0,34 l : 1 l = 0,34 = 34 %
c) Prozentsatz = 52 m² : 238 m² ≈ 0,218 = 21,8 %
d) Prozentsatz = 1,3 m : 2,45 m ≈ 0,531 = 53,1 %
e) Prozentsatz = 249 € : 199 € ≈ 1,251 = 125,1 %
f) Prozentsatz = 23 min : 120 min ≈ 0,192 = 19,2 %

Seite 185 | Aufgabe 13

a) Prozentsatz = 1463 : 5225 = 0,28 = 28 %
   Beispielaufgabe: In einer Schokoladenfabrik wurde ein Fabrikationsfehler festgestellt. 1463 von 5225 überprüften Schokoriegeln wurden ausgemustert. Geben Sie an, wie viel Prozent das sind.
b) Prozentsatz = 817 : (1083 + 817) = 817 : 1900 = 0,43 = 43 %
   Beispielaufgabe: Ein Designertisch wurde um 817 € reduziert und kostet jetzt nur noch 1083 €. Gib an, um wie viel Prozent der Tisch reduziert wurde.

Seite 185 | Aufgabe 14

Grundwert: 6 Erdnussriegel + 4 Schoko-Karamell-Riegel + 5 Kokosriegel + 10 Milchcremeriegel = 25 Riegel

Anteil der Erdnussriegel:	$6 : 25 = \frac{6}{25} = 0{,}24 = 24\,\%$
Anteil der Schoko-Karamell-Riegel:	$4 : 25 = \frac{4}{25} = 0{,}16 = 16\,\%$
Anteil der Kokosriegel:	$5 : 25 = \frac{1}{5} = 0{,}2 = 20\,\%$
Anteil der Milchcremeriegel:	$10 : 25 = \frac{2}{5} = 0{,}4 = 40\,\%$

Seite 185 | Aufgabe 15

Prozentsatz	Grundwert	Prozentwert
8 %	25	2
37,5 %	64	24
95 %	20	19
12 %	1250	150
125 %	48	60
200 %	25	50
38 %	250	95
150 %	62	93

Seite 185 | Aufgabe 16

a)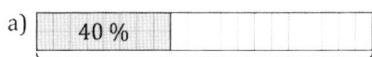
480
Prozentwert = 0,4 · 480 = 192

b)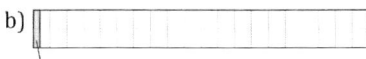
2 % ≙ 20 €
Grundwert = 20 € : 0,02 = 1000 €

c)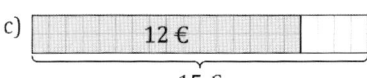
15 €
Prozentsatz = 12 : 15 = 0,8 = 80 %

d)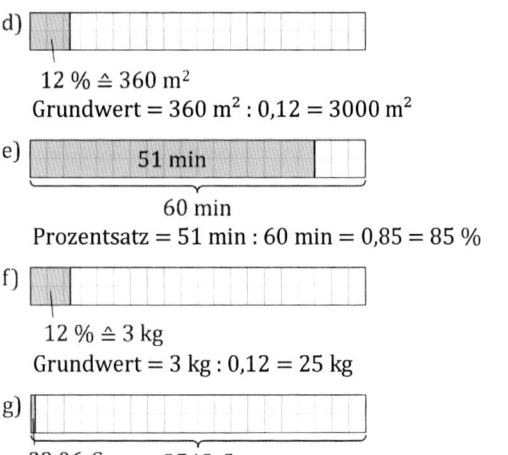

12 % ≙ 360 m²
Grundwert = 360 m² : 0,12 = 3000 m²

e) 51 min
   60 min
Prozentsatz = 51 min : 60 min = 0,85 = 85 %

f)
12 % ≙ 3 kg
Grundwert = 3 kg : 0,12 = 25 kg

g)
33,06 €   2543 €
Prozentsatz = 33,06 € : 2543 € ≈ 0,013 = 1,3 %

Seite 185 | Aufgabe 17

PS gesucht   400 ≙ 100 %
               1 ≙ 0,25 % $\frac{28}{40} = 0,7$
               280 ≙ 70 %
PW gesucht   100 % ≙ 400
               1 % ≙ 4   0,7 · 400 = 280
               70 % ≙ 280
GW gesucht   70 % ≙ 280
               1 % ≙ 4   280 : 0,7 = 400
               100 % ≙ 400

Seite 186 | Aufgabe 18

individuelle Lösungen
Beispiel: Thomas hat 125 € gespart. Für 40 € kauft er sich ein neues Videospiel. Gib an, um wie viel Prozent sich seine Ersparnisse dadurch verringern.
Antwort: Seine Ersparnisse verringern sich um 32 %.

Seite 186 | Aufgabe 19

Trefferquote von Thomas Müller: 5 : 6 ≈ 0,83 = 83 %
Trefferquote von Pierre-Emerick Aubameyang: 75 %
Durchschnittliche Trefferquote: (77 – 14) : 77 = 63 : 77 ≈ 0,82 = 82 %

Thomas Müller ist der bessere Elfmeterschütze, weil seine Trefferquote höher ist. Thomas Müller liegt knapp über dem Durchschnitt, Pierre-Emerick Aubameyang liegt unter dem Durchschnitt.

Seite 186 | Aufgabe 20

Die Rechnung stimmt so leider nicht. Da den Prozentsätzen verschiedene Grundwerte zugrunde liegen, kann daraus nicht einfach der Durchschnitt gebildet werden. Der reduzierte Preis, also der Prozentwert, muss für jeden Artikel einzeln berechnet werden.

Seite 186 | Aufgabe 21

Wenn die Kantenlänge um 20 % vergrößert wird, beträgt sie das 1,2-fache. Für Oberflächeninhalt und Volumen gilt dann:

Kantenlänge:	Oberflächeninhalt:	Volumen:
a	$O = 6 \cdot a^2$	$V = a^3$
1,2 · a	$O = 6 \cdot (1,2 \cdot a)^2 = 1,44 \cdot (6 \cdot a^2)$	$V = (1,2 \cdot a)^3 = 1,728 \cdot a^3$

Wenn die Kantenlänge eines Würfels um 20 % vergrößert wird, dann vergrößert sich der Oberflächeninhalt um 44 % und das Volumen um 72,8 %.
Regel: Vergrößert/Verkleinert man die Kantenlänge eines Würfels auf einen bestimmten Prozentsatz, so vergrößert/verkleinert sich der Oberflächeninhalt um die Quadratzahl und das Volumen um die Kubikzahl dieses Prozentsatzes.

Seite 187 | Aufgabe 22

a) Die Aussage ist richtig. Die drei Sonderausgaben, die Luisa als Prämie erhält, haben den Wert von 6 normalen Ausgaben. Luisa bekommt insgesamt also Zeitschriften im Wert von 32 normalen Ausgaben pro Jahr. Davon zahlt sie jedoch nur 26 Ausgaben. Das entspricht 26 : 32 ≈ 0,81 = 81 %. Sie spart also ungefähr 20 %.

b) Die Aussage ist falsch, da sich die Prozentsätze auf verschiedene Grundwerte beziehen.
Der Fruchtgehalt der Mischung ist $\frac{1}{3} \cdot 0,8 + \frac{2}{3} \cdot 0,5 = 0,6 = 60 \%$.

Seite 187 | Aufgabe 23

a) Wenn Karen das Geld nur für ein Jahr anlegen möchte, spielt es keine Rolle, für welche Möglichkeit sie sich entscheidet.
Zinsen nach dem 1. Jahr (Normalsparen): 12 500 € · 0,03 = 375 €
Zinsen nach dem 1. Jahr (Prämiensparen): 12 500 € · 0,022 + 100 € = 375 €

b) Wenn beim Prämiensparen die einmaligen 100 € gleich zu Beginn des Jahres auf das Sparkonto gezahlt würden, so würden diese mitverzinst werden. Die Zinsen betragen dann:
(12 500 € + 100 €) · 0,022 = 277,20 €, also hat Karen nach einem Jahr 377,20 € mehr als sie eingezahlt hat.

Seite 187 | Aufgabe 24

a) 4800 € : 6000 € = 0,8
Die Küche wurde auf 80 %, also um 20 % reduziert.

b) 0,98 · 4800 € = 4704 €
Linas Eltern müssten dann 4704 € bezahlen.

c) 6000 € : 4704 € ≈ 1,28
Die Zahlung in Raten ist um 28 % teurer als die sofortige Barzahlung.

d) Die Küche ohne Geschirrspüler kostet im zweiten Angebot mit den 1 % Rabatt 0,99 · 5200 € = 5148 €, also mehr als das erste Angebot bei sofortiger Zahlung.
Die Familie sollte also bei ihrer Wahl berücksichtigen, ob sie einen Geschirrspüler benötigt oder nicht. Wenn die Familie das erste Angebot wählt, muss sie den Geschirrspüler separat kaufen, wodurch insgesamt höhere Kosten entstehen, nämlich 4704 € + 449 € = 5153 €.

Seite 187 | Aufgabe 25

Bei einem Preis von 37,5 € erhält man mit dem 20-%-Gutschein genau 7,50 € Rabatt. Kostet ein Produkt mehr, dann spart man mit dem 20-%-Gutschein mehr als 7,50 €. Bei billigeren Produkten lohnt sich der 7,50-€-Gutschein mehr, da man mit dem 20-%-Gutschein dann weniger als 7,50 € sparen würde.

Seite 187 | Aufgabe 26

a) individuelle Lösungen

b) Von dem 1 kg Trauben sind 99 % Wasser, das sind 990 g. 10 g sind also kein Wasser.
Wenn der Wassergehalt nur noch 98 % beträgt, entsprechen diese 10 g also 2 %. Der neue Grundwert ist dann:
   2 % ≙ 10 g
⇒ 1 % ≙ 5 g
⇒ 100 % ≙ 500 g
Die Trauben wiegen nach einer Stunde also nur noch die Hälfte.

8.2 Anwendung der Prozentrechnung in Diagrammen und Texten

Seite 190 | Einstieg

Die Prozentsätze addieren sich zu 135,9 %, also mehr als 100 %. Dies liegt daran, dass einzelne Befragte mehr als ein Haustier haben, die Summe der Angaben beträgt 162, obwohl nur 120 Personen befragt wurden.

Seite 194 | Aufgabe 1

a)

Note	1	2	3	4	5	6
Anzahl	2	8	8	7	2	2
Anteil	$\frac{2}{29} \approx 6,9\%$	$\frac{8}{29} \approx 27,6\%$	$\frac{8}{29} \approx 27,6\%$	$\frac{7}{29} \approx 24,1\%$	$\frac{2}{29} \approx 6,9\%$	$\frac{2}{29} \approx 6,9\%$

b) Kreisdiagramme und Prozentstreifen sind besonders geeignet, um Prozentsätze darzustellen.

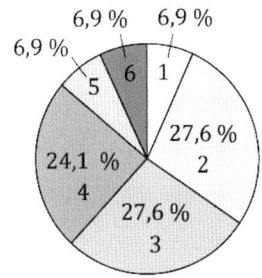

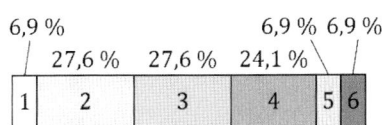

c) Mit einem Säulendiagramm lassen sich die absoluten Anzahlen der Noten besonders gut darstellen.

Seite 194 | Aufgabe 2

Stoff	Gewicht in kg
Papier/Pappe	44
Glas	27,5
Kunststoffe	36,5
Speisereste	132
Sonstiges	132,5
Mineralisches	37
Windeln	42,5
Gartenabfall	48

Die Tabelle bietet den Vorteil, dass daraus das Gewicht des jährlich anfallenden Abfalls eines Stoffes direkt abgelesen werden kann. Das Kreisdiagramm vermittelt dagegen schnell einen Eindruck davon, wie der Hausmüll sich zusammensetzt.

Seite 195 | Aufgabe 3

a)

Lernmethode	Anteil der Schüler in %
Schulheft	72
Schulbuch	46
Internetplattform	27,6
Übungsbuch	19,2
Grundwissensheft	18
Nachhilfe	10,4
Sonstiges	20,4

b) Beispiele:
Fast drei Viertel aller Schülerinnen und Schüler nutzen das Schulheft zum Lernen im Fach Mathematik.
Nahezu die Hälfte lernt mit dem Schulbuch.
Die Nachhilfe ist mit 10,4 % die am wenigsten genutzte Lernmethode.

c) Es kann hier kein Kreisdiagramm gezeichnet werden, weil die Anteile zusammen mehr als 100% ergeben. Das liegt daran, dass die befragten Schülerinnen und Schüler womöglich nicht nur eine, sondern mehrere Antworten angekreuzt haben.

Seite 195 | Aufgabe 4

a) Verkehr: 25%   Industrie: 30%   Haushalte: 45%

b) Der direkte Bedarf in kWh kann nicht angegeben werden, weil die Grundmenge, also der jährliche Gesamtbedarf, nicht angegeben ist.

Seite 195 | Aufgabe 5

a)

Person	Diagramm	Aussage	Begründung
Politiker	Anzahl an tödlich verunglückten Radfahrern	„Die Anzahl der verunglückten Radfahrer ist um 2 gesunken, das sind ca. 17% weniger als im Vorjahr."	Der Politiker will den Erfolg von Maßnahmen zeigen, die Unfälle verhindern sollen.
Vertreter des Radvereins	Anteil tödlich verunglückter Radfahrer	„Der Anteil verunglückter Radfahrer an der Gesamtanzahl von Fahrradunfällen hat sich kaum verändert. Die Stadt Berlin muss endlich mehr Radwege bauen."	Der Vertreter des Radvereins möchte die Bedingungen für Radfahrer verbessern, z. B. mehr Radwege. Deswegen weist er vor allem auf die Gefahren für Radfahrer hin.
Vater	Fahrradunfälle	„Die Anzahl der Fahrradunfälle ist deutlich gestiegen, man muss sehr vorsichtig fahren, damit einem nichts passiert."	Der Vater macht sich vor allem Sorgen um die Sicherheit seiner Kinder. Er betont deswegen die Gefahren besonders.

b) individuelle Lösungen

Seite 196 | Aufgabe 6

a) Beispiele:
   1. Wofür verbraucht eine Person in Deutschland am meisten Wasser?
   2. Wie viel Liter Wasser verbraucht eine Person in Deutschland täglich für Baden, Duschen und Körperpflege?
   3. Wie groß ist der Anteil an Trinkwasser, den wir täglich für Essen und Trinken verbrauchen?
   4. Wie viel Liter Trinkwasser verbraucht die Toilettenspülung pro Tag?
   5. Wie viel Liter Trinkwasser verbrauchen wir täglich zum Geschirrspülen?

b) Beispiele:
   1. Eine Person in Deutschland verbraucht am meisten Wasser für Baden, Duschen und Körperpflege, nämlich 36 %.
   2. Eine Person in Deutschland verbraucht 43,56 l täglich für Baden, Duschen und Körperpflege.
   3. Der Anteil an Trinkwasser, den wir täglich für Essen und Trinken verbrauchen, beträgt nur 4 %.
   4. Die Toilettenspülung verbraucht 32,67 l Trinkwasser pro Tag.

5. Wir verbrauchen täglich 7,26 l Wasser zum Geschirrspülen.
c) individuelle Lösungen

Seite 196 | Aufgabe 7

a) Das Diagramm vermittelt den Eindruck, dass sich die Umsätze der Firma von 2010 bis 2015 verzwölffacht haben. Dieser Eindruck entsteht dadurch, dass die y-Achse des Diagramms nicht bei 0 beginnt, sondern bei 200.

b)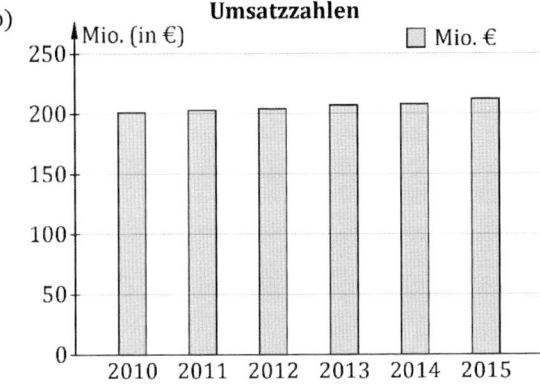

Seite 196 | Aufgabe 8

Das Diagramm erweckt den Eindruck, als hätte die CO_2-Emission seit 2010 deutlich weniger zugenommen (im Vergleich zu den vorherigen 15 Jahren). Das liegt daran, dass die x-Achse ungleichmäßig eingeteilt ist. Bis 2010 wird die CO_2-Emission in Abständen von 5 Jahren dargestellt, ab 2010 im Abstand von einem Jahr.

Seite 196 | Aufgabe 9

Beim Lesen von Diagrammen sollte man besonders darauf achten,
- ob die Diagrammachse bei 0 beginnt,
- ob die Einteilung der Achsen gleichmäßig ist,
- ob die Größenverhältnisse beachtet wurden.

Seite 196 | Aufgabe 10

a) Die Zeitungsmeldung ist falsch. Wenn jeder achte Besucher eine Dauerkarte kauft, entspricht das einem Anteil von 12,5 %. Das sind mehr als die 10 % im vorherigen Jahr.
b) Die Zeitungsmeldung ist falsch. Die Anteile, die hier betrachtet werden, hängen von verschiedenen Grundwerten ab.
c) Die Zeitungsmeldung würde bedeuten, dass ein Produkt, das vor 10 Jahren 100 € kostete, jetzt 100 € + 1,5 · 100 € = 250 € kostet. In Einzelfällen kann dies stimmen, es hängt von den betrachteten Produkten ab.
d) Die Zeitungsmeldung könnte der Wahrheit entsprechen. Da kein Grundwert angegeben ist, kann keine konkrete Rechnung durchgeführt werden.
e) Die Zeitungsmeldung ist wahr. Zunächst steigt der Preis p für das Rohöl um 25 %, d. h. der neue Preis beträgt 1,25 · p. Der neue Preis wird nun um 20 % gesenkt, d. h. er beträgt nur noch 0,8 · (1,25 · p) = 1 · p. Der gesenkte Preis entspricht also wieder dem ursprünglichen Preis.
f) individuelle Lösungen

Seite 197 | Aufgabe 11

a) Die Überschrift passt nicht zu der Aussage des Textes. Eine Erhöhung um 30 % würde bedeuten, dass sich die Teilnehmerzahl von 70 auf 91 erhöht, denn 70 · 1,3 = 91.
b) Die Überschrift passt nicht zu der Aussage des Textes. Ob sich die Gesamternte des Kernobstes steigert, hängt davon ab, wie hoch die Anzahl der geernteten Äpfel und Birnen im Vorjahr war.

Seite 197 | Aufgabe 12

a) Die Aussage ergibt keinen Sinn. Angenommen ich zahle für meinen Handytarif 15 € im Monat, dann entsprechen 200 % davon 30 €. Der Mobilfunkanbieter müsste mir also monatlich 15 € schenken, damit ich die 200 % spare.
b) Die Aussage ist falsch. Wenn ich den vollen Eintrittspreis bezahle und mein Partner den halben Eintrittspreis, dann zahlen wir insgesamt 75 % dessen, was zwei Personen normalerweise gezahlt hätten. Die Ersparnis beträgt also nur 25 %.
c) individuelle Lösungen

Seite 197 | Aufgabe 13

Der Forscher addiert die Prozentsätze. Das ist jedoch falsch. Der Forscher müsste sich zunächst informieren, wie viel Prozent der insgesamt befragten Kinder Mädchen und wie viel Prozent Jungen sind. Anschließend müsste er den jeweiligen Anteil mit den 10 % bzw. 24 % multiplizieren und dann die Summe daraus bilden.
Beispiel: 60 % der befragten Kinder sind Mädchen, 40 % sind Jungen. Insgesamt fühlen sich also
0,6 · 10 % + 0,4 · 24 % = 15,6 % der Kinder unwohl in der Kita.

Lösungen Fokus Mathematik 6

Seite 197 | Aufgabe 14
Bei der ersten Umfrage waren 8 % der Schüler unzufrieden, bei der zweiten Umfrage 12 %. Dies entspricht einer Steigerung um 4 Prozentpunkte (denn 12 − 8 = 4), aber um 50 %, denn 8 % ist hier der Grundwert und 4 % ist der Prozentwert. Also haben wir eine Steigerung von $\frac{4\,\%}{8\,\%} = \frac{4}{8} = 0{,}5 = 50\,\%$.

Seite 197 | Aufgabe 15
Wenn sich ein Prozentsatz ändert, kann man die Größe der Änderung in Prozent oder in Prozentpunkten angeben.
- Bildet man einfach die Differenz der beiden Prozentsätze, so erhält man die Änderung in Prozentpunkten (nicht in Prozent!).
- Wenn man diese Differenz wiederum selbst als Prozentsatz ausdrückt (und dabei als Grundwert den ursprünglichen Wert des Prozentsatzes verwendet), erhält man die Änderung in Prozent.

Beispiel: Im Jahr 2007 wurde die Umsatzsteuer von 16 % auf 19 % erhöht.
Prozentpunkte: 19 % − 16 % = 3 %   Die Steuer ist um 3 Prozentpunkte gestiegen.
Prozentsatz: $\frac{3\,\%}{16\,\%} = \frac{3}{16} = 0{,}1875 = 18{,}75\,\%$ Die Steuer ist um 18,75 % gestiegen.

Seite 197 | Aufgabe 16
Vor 10 Jahren betrug der Anteil der Haushalte ohne Computer $\frac{1}{5} = 20\,\%$. Der Anteil ist um 15 Prozentpunkte gesunken, d. h. er beträgt jetzt nur noch 20 % − 15 % = 5 %. Das entspricht einer Senkung um $\frac{15\,\%}{20\,\%} = 0{,}75 = 75\,\%$.

Auch der Prozentsatz derjenigen, die kein Internet haben, ist um 15 Prozentpunkte gefallen. Allerdings ist hier nicht angegeben, wie groß der Anteil der Haushalte ohne Internet vor 10 Jahren gewesen ist, weshalb hier auch nicht angegeben werden kann, um wie viel Prozent der Anteil gestiegen oder gesunken ist.

Seite 198 | Aufgabe 17
Wenn in Ostdeutschland jede 2. Mutter an Sonntagen arbeitet und in Westdeutschland jede 3., so kann man daraus keineswegs schließen, dass in ganz Deutschland jede 5. Mutter arbeitet. Diese Addition der Anteilsangaben ist falsch.
Um den Anteil der Mütter, die an Sonn- und Feiertagen arbeiten, für ganz Deutschland korrekt zu berechnen, müsste man zunächst ermitteln, wie viel Prozent der befragten Mütter in Ost- bzw. Westdeutschland leben. Anschließend multipliziert man den Anteil der Mütter, die in Ostdeutschland leben, mit 49 % und den Anteil der Mütter, die in Westdeutschland leben, mit 38 %. Zuletzt bildet man aus den beiden Ergebnissen noch die Summe.

Seite 198 | Aufgabe 18
Der Käufer spart am meisten, wenn alle drei Paar Schuhe denselben Preis haben. Der Preis des günstigsten Paares beträgt dann $\frac{1}{3}$ des Gesamtpreises. Dieses Paar wird zusätzlich um 50 % reduziert, kostet also letztendlich nur noch $\frac{1}{6}$ des Gesamtpreises.
Hinzu kommt der Preis der anderen zwei Paar Schuhe, der $\frac{2}{3}$ des Gesamtpreises ausmacht. Der neue Preis beträgt also insgesamt $\frac{5}{6}$ des ursprünglichen Gesamtpreises. Der Käufer kann so maximal $\frac{1}{6} \approx 17\,\%$ sparen.

Seite 198 | Aufgabe 19
a) **Ergebnisse der Parlamentswahl**

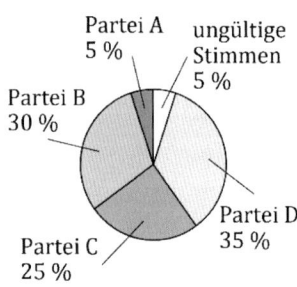

b) Das liegt daran, dass Max die ungültigen Stimmen in seine Rechnung mit einbezogen hat. Bei der Verteilung der Parlamentssitze müssen diese jedoch vernachlässigt werden, da ungültige Stimmen keine Parlamentssitze erhalten. Außerdem muss ein Verfahren gefunden werden, mit dem man auf eine ganze Anzahl Sitze kommt, da ja keine halben Parlamentssitze vergeben werden können.

c) **Verteilung der Parlamentssitze**

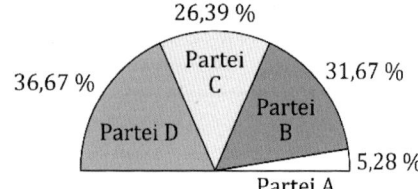

Seite 199 | Aufgabe 20

Beliebte Pkw-Farben

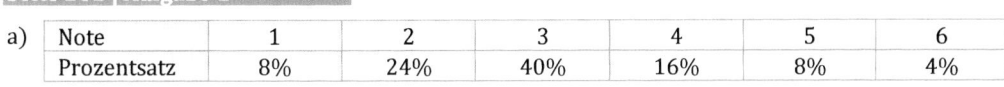

Seite 199 | Aufgabe 21

① Grüne und CDU haben zusammen 57,3 % der Stimmen erhalten, das sind nahezu 60 % = $\frac{3}{5}$. Die Aussage ist also richtig.

② Der Prozentsatz der Stimmen für die SPD ist von 23,1 % auf 12,7 % gefallen, die Differenz betrug also 10,4 Prozentpunkte. Die SPD hat allerdings nicht 10,7 % ihrer Stimmen vor vier Jahren verloren. Die Aussage ist also in dieser Form falsch.

③ 2011 hatten die Grünen 24,2 % aller Stimmen, dies entspricht ca. 1,2 Mio. Wenn man davon ausgeht, dass 2016 die gleiche Anzahl an Stimmen abgegeben wurden, hätten die Grünen ca. 1,5 Mio. Stimmen erhalten. Demnach wird die Aussage vermutlich nicht stimmen. Ganz genau kann man dies aber nicht überprüfen, da man die Anzahl der Wahlberechtigten und die Wahlbeteiligung nicht kennt.

④ Die Aussage ist richtig, wenn man nur die Prozentsätze betrachtet: Die FDP hatte vor vier Jahren 5,3 % der Stimmen, jetzt 8,3 %. Sie hat also 3 Prozentpunkte gewonnen, das sind $\frac{3}{5,3} \approx 0,57 = 57$ %. Genau 57 % mehr Stimmen hätte die FDP aber nur erhalten, wenn die Anzahl der Wähler bei beiden Wahlen gleich war.

Seite 199 | Aufgabe 22

Tabelle:	Tore in der Saison 2013/14	Einwohner in deutschen Städten	Einwohner von Ländern
Diagramm:	blaues Diagramm	rotes Diagramm	gelbes Diagramm
1. Säule:	Bayern	Augsburg	USA
2. Säule:	Wolfsburg	Regensburg	Deutschland
3. Säule:	Hannover	Bamberg	Frankreich
4. Säule:	Werder	Aschaffenburg	Polen

Methode: Mit dem Computer Daten auswerden und darstellen

Seite 201 | Aufgabe 1

a)
Note	1	2	3	4	5	6
Prozentsatz	8%	24%	40%	16%	8%	4%

b)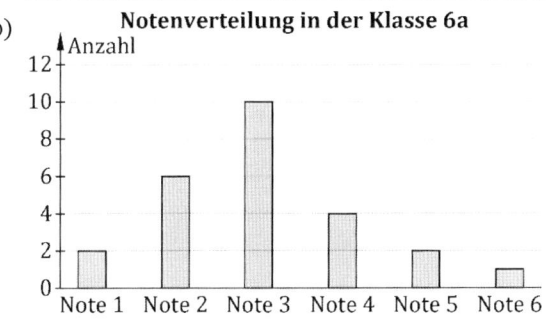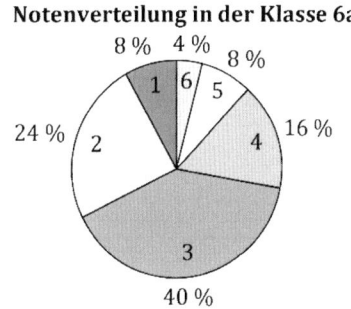

Seite 201 | Aufgabe 2
individuelle Lösungen

Seite 201 | Aufgabe 3
individuelle Lösungen

8.3 Daten beschreiben und auswerten

Seite 202 | Einstieg
individuelle Lösungen
Man kann die Daten in drei Säulendiagrammen (je eines für Alter, Taschengeld und Stadtviertel) darstellen. Da es zu jedem Punkt von jedem Kind nur eine Angabe gibt, sind auch Kreisdiagramme geeignet.

Seite 204 | Aufgabe 1

a)
Lieblingstier	Hund	Katze	Vogel	Hase	Pferd	Hamster	anderes
Nennungen	14	17	13	4	2	6	4
relative Häufigkeit	$\frac{7}{30} \approx 23\%$	$\frac{17}{60} \approx 28\%$	$\frac{13}{60} \approx 22\%$	$\frac{1}{15} \approx 7\%$	$\frac{1}{30} \approx 3\%$	$\frac{1}{10} = 10\%$	$\frac{1}{15} \approx 7\%$

b)

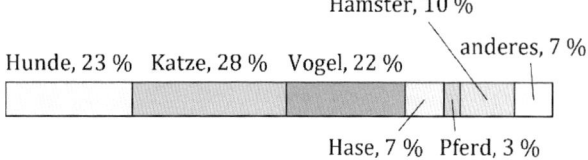

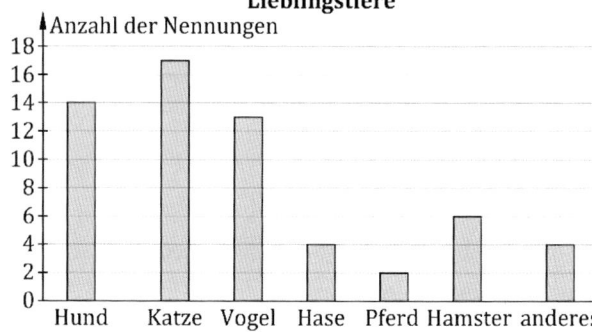

Seite 204 | Aufgabe 2

a)
Note	1	2	3	4	5	6
Absolute Häufigkeit	3	4	5	7	4	2
Relative Häufigkeit	$\frac{3}{25} = 0,12$	$\frac{4}{25} = 0,16$	$\frac{1}{5} = 0,2$	$\frac{7}{25} = 0,28$	$\frac{4}{25} = 0,16$	$\frac{2}{25} = 0,08$

In dem Diagramm sind die vorliegenden Daten übersichtlicher und leichter erfassbar dargestellt als in der Tabelle. So ist es einfacher, die Daten zum Beispiel anhand der Höhe der Säulen miteinander zu vergleichen. Wenn man sich jedoch für die konkreten Werte interessiert, z. B. um den Durchschnitt zu berechnen, ist die Darstellung in einer Tabelle besser geeignet.

b)
Note	1	2	3	4	5	6
Relative Häufigkeit	$\frac{1}{9} \approx 11\%$	$\frac{1}{6} \approx 17\%$	$\frac{7}{36} \approx 19\%$	$\frac{5}{18} \approx 28\%$	$\frac{1}{6} \approx 17\%$	$\frac{1}{12} \approx 8\%$

Die absoluten Häufigkeiten lassen sich nur vermuten, weil nicht angegeben wurde, aus wie vielen Schülern die Klasse 6D besteht.

Seite 204 | Aufgabe 3

Zunächst kann man daraus schließen, dass 272 Münzen 68 % entsprechen, dass die Grundgesamtheit 400 Münzen sind.

Münze aus	D	A	I	F	GR	E
Absolute Häufigkeit	272	12	48	28	16	24
Relative Häufigkeit	68%	3%	12%	7%	4%	6%

Seite 204 | Aufgabe 4

a) $\bar{m} = \frac{1+1+3+3+4+5+6+6+9+10+10+10+11}{13} \approx 6,08$

b) $\bar{m} = \frac{0+2+10+5+6+5+8+13+14+7+2+14+15+1}{14} \approx 7,29$

c) In a) wird das arithmetische Mittel jeweils größer. In b) wird das arithmetische Mittel durch Hinzunahme von 7 kleiner, durch Hinzunahme von 100 größer.

Seite 204 | Aufgabe 5

a) $\bar{m} = \frac{10+15+20+25+30}{5} = 20$ $\bar{m} = \frac{16+18+20+22+24}{5} = 20$ $\bar{m} = \frac{17+19+20+21+23}{5} = 20$ $\bar{m} = \frac{20+20+20+20+20}{5} = 20$

Wenn die Summe und die Anzahl der Summanden der Zahlenreihen gleich sind, so ist auch das arithmetische Mittel dieser Zahlenreihen gleich.

b) $\bar{m} = \frac{3+7+15+37+49}{5} = 22,2$ $\bar{m} = \frac{7+11+19+41+53}{5} = 26,2$ $\bar{m} = \frac{11+15+23+45+57}{5} = 30,2$ $\bar{m} = \frac{15+19+27+49+61}{5} = 34,2$

Die Summe der Zahlen einer Zeile erhöht sich pro Zeile um 20, das arithmetische Mittel erhöht sich jeweils um 4, das ist ein Fünftel von 20.

c) $\bar{m} = \frac{64+23+11+45+99}{5} = 48,4$ $\bar{m} = \frac{64+23+11+45+81}{5} = 44,8$ $\bar{m} = \frac{73+23+45+11+81}{5} = 46,6$ $\bar{m} = \frac{46+23+11+45+98}{5} = 44,6$

Wenn sich die Summe einer Zahlenreihe aus 5 Zahlen erhöht/verringert, dann erhöht/ verringert sich das arithmetische Mittel um ein Fünftel davon.

Seite 205 | Aufgabe 6

a) Eine Zahlenreihe mit $\bar{m} = 13$ ist z. B. 11, 12, 14, 15, denn $\frac{11+12+14+15}{4} = 13$.

b) Eine Zahlenreihe mit $\bar{m} = 13$ und einem Wert über 30 ist z. B. 5, 7, 9, 31, denn $\frac{5+7+9+31}{4} = 13$.

Seite 205 | Aufgabe 7

a) Im März betrug die Temperatur durchschnittlich 17,5 °C, die Niederschlagsmenge lag im Durchschnitt bei 2 mm. Um die Werte zu ermitteln, wurde jeweils das arithmetische Mittel aus den Temperaturen und Niederschlagsmenge, die an den einzelnen Tagen im März gemessen wurden, gebildet.

b) Temperatur: $\bar{m} = \frac{13°C+14°C+17,5°C+21°C+24°C+27°C+27,5°C+27,5°C+26°C+23°C+19°C+15°C}{12} \approx 21,2$ °C

Niederschlag: $\bar{m} = \frac{5mm+3mm+2mm+1mm+3mm+4mm}{12} = 1,5$ mm

c) Auch wenn die Durchschnittstemperatur „nur" bei 27,5 °C beträgt, ist es durchaus möglich, dass es bis zu 42 °C heiß werden kann. Aus dem Klimadiagramm lässt sich nichts über die maximale Temperatur ablesen.

Seite 205 | Aufgabe 8

a) 6A: $\bar{m} = \frac{4\cdot1+5\cdot2+5\cdot3+5\cdot4+5\cdot5+4\cdot6}{4+5+5+5+5+4} = 3,5$

6B: $\bar{m} = \frac{7\cdot1+3\cdot2+3\cdot3+1\cdot4+5\cdot5+7\cdot6}{7+3+3+1+5+7} \approx 3,6$

6C: $\bar{m} = \frac{10\cdot1+8\cdot2+6\cdot3+4\cdot4+2\cdot5+0\cdot6}{10+8+6+4+2} \approx 2,3$

b) Die Klasse 6C hat am besten abgeschnitten, weil sie die beste Durchschnittsnote erzielt hat.

c) Die Diagramme sind für den Vergleich der Klassen nicht geeignet, weil die Einteilung der y-Achsen unterschiedlich gewählt wurde.

Seite 205 | Aufgabe 9

Das muss nicht stimmen. Wenn die Abstände zwischen den Zahlen sehr unterschiedlich sind, kann das arithmetische Mittel auch an anderer Stelle liegen. So gilt z. B. für die Reihe 1, 9, 10,11 $\bar{m} = \frac{1+9+10+11}{4} = 7,75$, das arithmetische Mittel liegt also zwischen der ersten und zweiten Zahl.

Seite 206 | Aufgabe 10

a)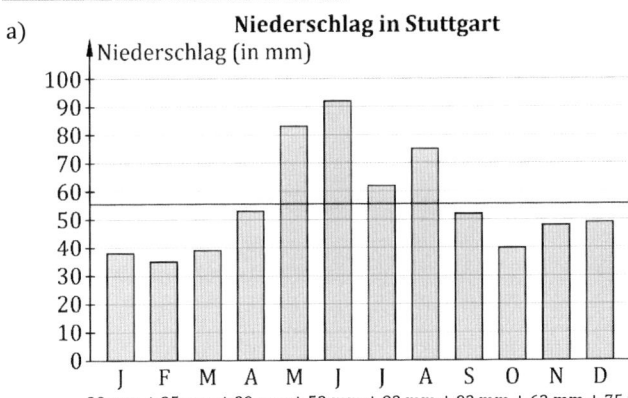

b) $\bar{n} = \frac{38\text{ mm}+35\text{ mm}+39\text{ mm}+53\text{ mm}+83\text{ mm}+92\text{ mm}+62\text{ mm}+75\text{ mm}+52\text{ mm}+40\text{ mm}+48\text{ mm}+49\text{ mm}}{12} = 55,5$ mm

Seite 206 | Aufgabe 11

a) Ein Befürworter der Umgehungstraße würde auf die Zeiträume verweisen, in denen besonders viele Fahrzeuge gezählt wurden (Berufsverkehr von 6 bis 8 Uhr und 15 bis 17 Uhr), während ein Gegner der Umgehungstraße darauf hinweisen würde, dass außerhalb des Berufsverkehrs wesentlich weniger Fahrzeuge unterwegs sind (z. B. um 20 bis 21 Uhr).

b) Ein Gegner der Umgehungstraße könnte die Daten z. B. in einem Säulendiagramm darstellen und eine Mittelwertlinie einzeichnen. Dadurch wird sofort ersichtlich, dass das Verkehrsaufkommen außerhalb der Stoßzeiten unter dem Durchschnitt liegt.

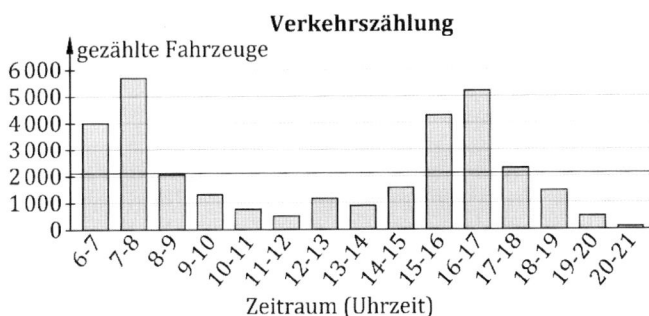

Seite 206 | Aufgabe 12

a) ①

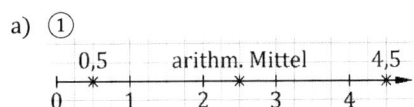

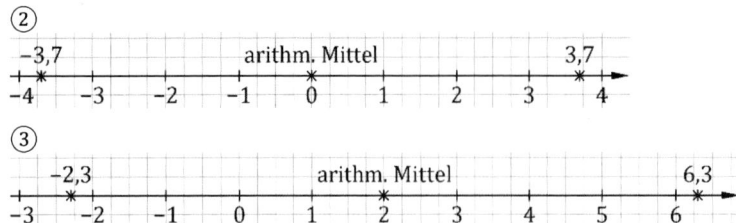

b) Ja, Timur hat Recht. Auch für vier Zahlen kann man das arithmetische Mittel mit dem Geodreieck bestimmen. Dabei geht man folgendermaßen vor: Zunächst zeichnet man alle vier Zahlen auf einer Zahlengeraden ein. Dann bestimmt man das arithmetische Mittel der zwei ersten und der zwei letzten Zahlen und markiert dieses auf der Zahlengeraden. Anschließend bestimmt man das arithmetische Mittel der im vorherigen Schritt ermittelten Markierungen. Dies ist dann das arithmetische Mittel der vier Zahlen.

Seite 206 | Aufgabe 13

Man kann sich ansehen, wie oft die beiden welches Feld getroffen haben und daraus das arithmetische Mittel berechnen. Dabei ist der Wert für Moritz ein wenig besser. Außerdem hat Max insgesamt 14-mal die Scheibe getroffen, Moritz 15-mal. Wenn man davon ausgeht, dass beide gleich oft geschossen haben, hat Max wohl einmal mehr die Scheibe ganz verfehlt.

Feld	1	2	3	4	5	6	7	8	9	10	11	12	∅
Anzahl der Treffer (Max)	1	0	0	3	1	1	1	3	2	0	2	0	6,8
Anzahl der Treffer (Moritz)	1	0	1	0	0	1	5	6	0	0	0	1	7